AI와 미용 산업

AI문고

인공지능 시대입니다. 기계가 인간의 인지를 대신하고, 사물이 인간을 통하지 않고 다른 사물과 직접 커뮤니케이션합니다. 이에 따른 인간 삶과 문명 변화를 정확히 이해 · 예측 · 대응하는 것은 이 시대 우리 모두의 과제입니다. AI문고는 인공지능 기술과 환경의 여러 주제를 10가지 키워드로 정리합니다. 관련 개념과 이론, 학계와 산업계의 쟁점, 우리 일상의 변화를 다룹니다. 인간과 기술의 현재, 미래를 세심히 분석합니다.

일러두기

- 인명, 작품명, 저서명, 개념어 등은 한글과 함께 괄호 안에 해당 국가의 원어를 병기했습니다.
- 외래어 표기는 현행 어문규정의 외래어표기법을 따랐습니다.
- 원고 정리·점검 과정에서 생성형 AI를 참고하였으며, 원고의 사실관계 확인과 최종 확인은 저자가 수행했습니다.

처음이세요?

전문가세요?

AI와 미용 산업

한만석·조현열

대한민국, 서울, 커뮤니케이션북스, 2026

AI와 미용 산업

지은이 한만석·조현열
펴낸이 박영률

초판 1쇄 펴낸날 2026년 1월 15일

커뮤니케이션북스(주)
출판 등록 2007년 8월 17일 제313-2007-000166호
02880 서울시 성북구 성북로 5-11
전화(02) 7474 001, 팩스(02) 736 5047
commbooks@commbooks.com
www.commbooks.com

ISBN 979-11-430-1637-9 03500

책값은 뒤표지에 표시되어 있습니다.

차례

AI와 뷰티, 기술 너머의 인간적 감각

AI 혁명과 뷰티 산업을 바라보는 새로운 시각

이 책은 인공지능이 뷰티 산업, 특히 헤어 분야를 어떻게 재편하고 있는지 분석하고, 기술 변화 속에서 인간 전문가가 지녀야 할 역할과 미래 전략을 제시하기 위해 집필하였다.

4차 산업혁명은 인공지능, 데이터, 네트워크 융합으로 특징지어지며 기존 산업 전반을 재편하고 있다. 뷰티 산업 역시 그 흐름 속에서 근본적 변화를 맞이하고 있다. 19세기 산업혁명이 대량 생산 체제를 가능케 했다면, 21세기 AI 혁명은 개인 맞춤형 서비스와 데이터 기반 미용 경험을 일상화한다. 이는 단순히 기기를 활용하는 차원이 아니라, 산업의 구조와 경험을 새롭게 정의하는 패러다임 전환이다(Brynjolfsson & McAfee, 2014).

역사적으로 미용은 기술 발전을 빠르게 흡수하며 성장해 왔다. 전기는 드라이어와 아이론 같은 기구의 보급을 이끌었고, 화학의 발전은 펌제 · 염모제의 대중화를 가져왔다. 20세기 후반 인터넷은 마케팅과 유통 방식을 바꾸었으며, 오늘날 AI는 개인의 얼굴 · 모발 데이터를 분석해 맞춤형 결과를 제공한다. 데이터가 곧 새로운 자원이 되고, AI는 이를 해석하여 외모 관리와 자기표현을 재구성하는 역할을 한다(Crawford, 2021).

AI는 세 가지 요인으로 뷰티 산업에서 빠르게 확산되고 있다. 첫째, 소비자들의 개인화 욕구다. 고객들은 대량 생산 제품보다 자신에게 최적화된 맞춤형 서비스를 선호한다. 둘째, 디지털 네이티브 세대의 부상이다. 이들은 SNS와 데이터 기반 경험에 익숙하며, 자신의 외모를 디지털 자원으로 관리하는 데 거부감이 적다. 셋째, 산업 경쟁의 심화다. 글로벌 기업들은 AI를 차별화 전략으로 도입하고 있으며, 중소 뷰티 업계도 이러한 흐름을 빠르게 받아들이고 있다(Grech et al., 2024).

AI 활용은 피부 · 두피 진단, 스타일 추천, 가상 시뮬레이션, 메타버스 교육으로 확대되고 있다. 예를 들어, 스마트 미러는 고객의 얼굴에 다양한 헤어스타일을 합성해 보여 주어 상담 시간을 줄이고 불안을 해소한다. 또, AI 기반 상담은 고객의 모발 이력과 생활 습관을 분석해 케어 프로그램을 제안한다. 이러한 기술은 분석과 추천 → 체험과 설득 → 실행과 관리의 전 과정에서 뷰티 산업의 효율성과 신뢰를 높이고 있다(임선희, 2025).

이 책에서 다루는 10개 아이템은 단순 기술 목록이 아니라 산업·학문·사회 문화적 맥락을 아우르는 핵심 주제로 선별되었다. 각 아이템은 AI가 뷰티 산업의 구조를 어떻게 바꾸고, 소비자 경험을 어떻게 재편하며, 인간 정체성과 감각을 어떻게 재구성하는지를 보여 준다. 머리말에서는 특히 본문에 담지 못한 논의를 보완한다. 데이터 편향, 윤리적 책임, 디지털 격차, 글로벌 경쟁력, 규제 공백 등은 본문에서 충분히 다루기 어려웠지만, 책의 맥락을 이해하는 데 반드시 필요한 논의다(Bhattacharya, 2022).

AI와 뷰티를 잇는 열 가지 창

이 총서는 인공지능이 뷰티 산업, 특히 헤어 분야에 불러오는 변화를 독자가 한눈에 이해하고 미래를 그려볼 수 있도록 기획되었다. 기술의 최신 동향만을 전달하는 것이 아니라, 변화가 산업 현장과 소비자 경험, 사회적 맥락 속에서 어떻게 구체화되는지를 보여 주는 데 목적이 있다. 따라서 주제 선정 과정은 학문적 엄밀성보다는, 누가 읽더라도 공감할 수 있는 맥락과 현장성을 중심에 두었다.

아이템을 고를 때 가장 먼저 고려한 것은 "이 주제가 실제로 사람들의 생활과 산업 구조를 바꾸고 있는가"라는 질문이었다. 이어서 "이 흐름이 가까운 미래에 어떤 영향을 미칠 수 있는가", "이 이야기가 뷰티 산업 종사자뿐 아니라 일반 독자에게도 의미 있는가"라는 점을 검토했다. 즉, 산업적 의미, 사회적 함의, 독자의 체감 가능성이라는 세 가지 축을 중심으로 아이템이 구성되었다(Grech et al., 2024).

10개의 아이템은 뷰티 산업의 변곡점을 드러내는 주제들이다. 이미 현장에서 빠르게 확산되고 있는 흐름, 가까운 미래에 산업 구조를 바꿀 잠재력을 지닌 주제, 그리고 소비자 경험과 사회적 의미가 동시에 얽혀 있는 주제들이 우선되었다. 가상 헤어스타일 시뮬레이션, AI 기반 스타일 추천, 메타버스 교육, 생성형 도구 등이 대표적이다(임선희, 2025). 특히 헤어 분야를 중심에 둔 것은, 얼굴 · 두피 · 모발이라는 데이터가 AI의 분석 · 추천 기능과 가장 직접적으로 연결되며, 소비자가 변화를 가장 즉각적으로 체감할 수 있는 영역이기 때문이다.

아이템 선정에는 다섯 가지 원칙이 작동했다. 첫째, 영향력이다. 선택된 주제는 소비자 경험을 넘어서 산업 운영이나 교육까지 영향을 미칠 수 있어야 했다. 둘째, 적시성이다. 단순한 미래 예측이 아니라, 최근 3년 내 실제 현장에서 검증된 흐름을 기준으로 삼았다. 셋째, 실현 가능성이다. 기술적으로 화려하지만 현실적 장벽이 큰 주제는 배제되었고, 실제 도입 가능성이 있는 주제를 채택했다. 넷째, 새로움이다. 기존 뷰티 담론에서 충분히 다루어지지 않았던 영역을 포함시켰다. 다섯째, 윤리성이다. 데이터 활용과 정체성, 안전성처럼 사회적으로 논의가 필요한 주제는 의도적으로 포함시켰다(Crawford, 2021; Bhattacharya, 2022).

선정 과정에서 중요하게 논의되었지만, 지면 제약으로 본문에 담지 못한 주제들도 있다. 예컨대, AI 학습 데이터의 대표성과 편향 문제, 합성 이미지와 스타일링 결과물의 저작권과 소유권 문제, 메타버스 교육 도입 시 노년층 · 취약 계층의 접근성 문제, 기술 발전 속도와 제도적 규제 간의 간극, 그리고 한국형 뷰티 AI 모델이 가진 지역적 차별성이 그것이다(Sung & Chin, 2023). 이러한 주제들은 각 장을 읽어나갈 때 배경으로 흐르며, 독자가 본문을 이해할 때 더 넓은 시각을 확보할 수 있게 해 준다. 아이템 배열은 단순 나열이 아니라 이야기의 흐름을 만들도록 구성되었다. 기술에서 시작해 경험, 교육, 창작, 윤리, 미래로 이어지는 순서는 독자가 "AI가 무엇을 할 수 있는가"에서 출발해 "AI 시대에 인간은 무엇을 해야 하는가"라는 질문으로까지 시선을 확장하게 만든다. 즉, 배열의 목적은 정보를 요약하는 것이 아니라, 독자에게 판단의 순서를 제공하는 데 있다(Brynjolfsson & McAfee, 2014).

AI와 뷰티, 그 너머의 이야기

AI는 데이터를 기반으로 작동하기 때문에 학습 데이터의 대표성과 편향은 뷰티 산업에서 매우 중요한 쟁점이다. 특정 연령, 인종, 성별 데이터에 치우친 알고리즘은 스타일 추천이나 시뮬레이션에서 왜곡된 결과를 낳을 수 있다. 특히 피부톤이나 모발 질감의 다양성이 반영되지 않으면 고객 경험이 불완전해진다. 따라서 데이터의 대표성과 편향 관리 문제는 본문 각 장과 긴밀히 연결되지만, 별도의 심층 논의로 확장될 필요가 있다(Crawford, 2021).

가상 시뮬레이션이나 생성형 AI가 만들어 내는 스타일링 결과물은 저작권과 소유권 문제를 수반한다. 고객의 얼굴과 결합된 합성 이미지, AI가 제안한 헤어스타일이 디자이너의 창작물인지, 알고리즘의 산출물인지 모호하다. 이 논의는 제도적 기준이 마련되지 않은 영역이므로, 뷰티 산업이 새로운 법적 · 윤리적 틀을 세워야 한다(Bhattacharya, 2022).

AI 기반 서비스는 첨단 기기와 고속 네트워크를 전제로 한다. 이는 노년층이나 경제적 취약 계층이 배제될 가능성을 높인다. 따라서 메타버스 교육이나 원격 시뮬레이션 서비스는 저사양 대안과 오프라인 보완책을 반드시 병행해야 한다. 이러한 접근성 논의는 지면 부족으로 본문에서 충분히 다루지 못했으나, 산업 전반의 포용성과 직결되는 문제다(Sung & Chin, 2023).

AI 두피 · 모발 분석은 의료 서비스와 혼동될 수 있다. 그러나 현행 법규는 이러한 새로운 형태의 서비스를 명확히 규정하지 못하고 있다. 기술 확산의 속도와 제도 마련의 속도 차이는 기업과 종사자에게 불확실성을 안긴다. 본문에서 다룬 아이템들이 구체적 응용에 초점을 맞췄다면, 여기서는 산업적 안정성을 위해 명확한 규제 체계 마련의 필요성을 강조한다(Grech et al., 2024).

글로벌 AI 모델은 보편적 기준을 지향하지만, 뷰티는 지역적 취향과 문화적 미학이 강하게 작동하는 영역이다. 한국형 뷰티 AI는 동아시아인의 얼굴형, 모발 질감, 스타일 선호를 반영하여 글로벌 모델과 차별화된 경쟁력을 가질 수 있다. 이는 단순한 편향이 아니라, K-뷰티 고유의 경쟁 우위로 확장될 수 있다(임선희, 2025).

이 책의 구성 흐름과 맺음

1장부터 4장까지는 AI가 뷰티 산업에 들어오는 과정과 현장 적용 사례를 다룬다. 독자는 여기서 "AI가 실제로 무엇을 할 수 있는가"를 확인할 수 있다.

5장부터 7장까지는 컬러링 · 케어 · 교육 영역에 집중하며, 기술이 소비자 경험과 학습 현장을 어떻게 바꾸는지 보여 준다. 독자는 AI 시대의 미용 서비스를 직접 체감하는 방식을 이해하게 된다.

8장부터 10장까지는 산업 경계의 해체, 미래 전략, 인간 전문가의 역할을 논한다. 독자는 여기서 "AI가 모든 것을 바꾸더라도 인간만이 할 수 있는 역할이 무엇인가"라는 질문에 대한 답을 얻는다.

데이터, 저작권, 접근성, 규제, 지역성, 지속 가능성의 논의는 본문 각 장의 이면에 흐르는 숨은 쟁점이다. 따라서 이 총서를 읽는 독자는 단순히 기술 동향을 아는 데 그치지 않고, 뷰티 산업이 앞으로 윤리적 · 사회적 · 환경적 책임과 함께 나아가야 할 방향까지 함께 사유하게 될 것이다.

참고문헌

임선희(2025). "AI 기반 가상 헤어스타일 시뮬레이션에 관한 사례 연구". 《미용예술경영학회지》, 19(1), 41～53쪽.

Bhattacharya, S.(2022). Artificial intelligence, human intelligence, and the future of public health. *AIMS Public Health, 9*(4), pp.644～650.

Brynjolfsson, E. & McAfee, A.(2014). *The second machine age: Work, progress, and prosperity in a time of brilliant technologies.* W. W. Norton & Company.

Crawford, K.(2021). *Atlas of AI.* Yale University Press.

Grech, V. S. et al.(2024). Cosmetology in the era of artificial intelligence. *Cosmetics, 11*(4), 135.

Kolomaznik, M. et al.(2024). The role of socio-emotional attributes in enhancing human-AI collaboration. *Frontiers in Psychology, 15,* 1369957.

Sung, C. & Chin, S.(2023). Contactless multi-user virtual hair design synthesis. *Electronics, 12*(17), 3686.

01
인공지능의 휴먼터치 서비스

AI는 뷰티 산업의 효율성을 높였지만, 인간 감정의 해석과 공감은 대체할 수 없다. 기술이 발전할수록 디자이너의 감성적 통찰과 진정성이 핵심 경쟁력이 된다. 뷰티 서비스는 데이터 기반 효율이 아닌 감정 교감의 산업으로, AI와 인간 감각이 상호 보완되는 하이브리드 모델로 진화하고 있다.

기후 위기와 인공지능?

기술과 감정의 한계

AI 상담 챗봇, 얼굴 분석, 스타일 추천 시스템은 예약 관리, 상담 응대, 데이터 기반 진단에서 높은 효율성을 보여준다. 이는 미용 서비스 제공자에게 반복적인 부담을 줄여주고, 일정한 품질을 유지하는 데 기여한다. 그러나 뷰티 서비스의 본질은 정량적 효율성이 아니라 정서적 교감이다. 동일한 얼굴형 분석 결과라 하더라도, 고객이 두려움 속에서 안정감을 찾고 싶을 때와 자신감을 드러내고 싶을 때 선택하는 스타일은 다르다. 즉, 기술은 정답을 제시할 수 있지만, 그 정답이 오늘의 고객에게 '적합한가'라는 질문은 여전히 인간 디자이너가 답해야 한다.

이 과정에서 디자이너의 감성적 통찰은 대체 불가능하다. 고객의 언어뿐 아니라 표정, 시선, 망설임, 침묵 등 비언어적 신호를 포착해야 한다. 연구자들은 의료 · 공중 보건 등 다른 영역에서도 AI가 객관적 데이터를 제공하더라도 신뢰와 윤리적 책임은 인간이 맡아야 한다고 강조한다(Bhattacharya, 2022). 이는 뷰티 현장에도 동일하게 적용된다. 결국 기술이 발전할수록 오히려 인간의 진정성과 감정 해석 능력이 더욱 중요해진다. 그레체 등(Grech et al., 2024)과 애슐리 등(Ashley et al., 2025)은 미적 가치가 단순한 수치화로 환원될 수 없음을 지적

하며, 고객 경험은 문화와 정체성 맥락에서 이해해야 한다고 주장한다. 이처럼 AI의 분석이 아무리 정교해도, 고객 경험의 의미를 결정짓는 것은 여전히 인간의 감정 해석이다.

AI 기술의 등장은 산업 구조의 효율화를 가져왔지만, 동시에 인간 감정의 비정량적 특성을 드러내는 계기가 되었다. 이는 기술 중심의 기존 패러다임이 '정확성'과 '속도'를 중심으로 작동한 데 반해, 뷰티 서비스는 '의미'와 '공감'을 핵심 가치로 두고 있다는 점에서 대비된다. 인간 감정은 기계적 계산으로 환원되지 않으며, 이는 감정 노동이 아닌 '감정 지능(Intelligent Emotion)'의 영역으로 재해석되어야 한다. 이러한 관점은 AI 시대 뷰티 산업이 단순한 서비스 자동화를 넘어, 감정과 데이터가 공존하는 복합적 시스템으로 이행하고 있음을 보여 준다.

인간 중심의 감정 해석과 실천

AI가 제공하는 추천은 객관성과 설명 가능성 측면에서 장점이 있지만, 고객의 실제 선택은 그날의 감정과 목적에 따라 달라진다. 승진 발표를 앞둔 고객은 안정감을 주는 스타일을, 특별한 여행을 준비하는 고객은 과감한 변화를 원할 수 있다. 국내 연구(고경애 · 한채정, 2022)는 감성 지능과 진정성이 고객 만족과 재방문 의도에 유의미한 영향을 미친다고 보고하였다. 즉, 감성 지능은 단순한 감정 이입이 아니라, 고객의 정서 상태를 기반으로 서비스를 조정하는 능력으로 정의된다.

따라서 디자이너는 AI 추천을 단순히 적용하는 것이 아니라, 고객 감정의 미묘한 신호를 읽어 추천을 조정하는 '큐레이션' 역할을 수행해야 한다.

AI 추천에는 또 다른 위험이 있다. 객관 지표가 고객을 자기 대상화하도록 만들 수 있다는 점이다. 어그래월 등(Agrawal et al., 2025)은 얼굴 · 피부 점수가 마케팅에 활용될 경우 오히려 불안을 증폭시킬 수 있음을 지적했다. 따라서 현장에서는 '결점 찾기'보다는 '가능성 발견'의 관점에서 결과를 전달하는 것이 필요하다. 예컨대 상담 화면에서 부족한 부분을 강조하기보다, 새로운 스타일을 통해 기대되는 긍정적 변화를 먼저 설명하고, 보완해야 할 점은 보조적 메시지로 전달하는 방식이 효과적이다.

공감형 AI는 언어 패턴을 학습해 공감하는 듯한 문장을 생성할 수 있다. 하지만 실제 고객 응대에서 중요한 것은 문장의 표정, 억양, 속도, 맥락이다(Schaich Borg & Read, 2024). 같은 문장도 웃으며 말하느냐, 무표정으로 말하느냐에 따라 의미가 달라진다. 이러한 맥락에서 AI의 '공감'은 인간 공감의 보완적 확장으로 한정해야 하며, 그 해석의 주체는 여전히 사람이다. 이 복합적 신호를 해석하는 주체는 인간일 수밖에 없다. 따라서 디자이너는 상담 과정에서 감정 리드- 백(lead-back) 기법을 활용해 고객의 진짜 목적을 다시 확인하고, 사후 적응 전략을 제시해 불안을 완충해야 한다(Kolomaznik et al., 2024). 따라서 공감 기반 상담과 데이터 윤리는 뷰티 서비스 현장에서 '기술 신뢰'와 '감정 신뢰'를 연결하는 핵심 축이 된다.

또한 데이터 윤리 문제도 중요하다. 얼굴 · 모발 데이터뿐 아니라 상담 중 나타나는 정서적 신호까지 수집되는 상황에서, 개인정보 보호와 심리적 자율성을 지켜야 한다. 최소 수집, 목적 제한, 보관 기간 명시, 동의 철회 가능성 등 데이터 거버넌스 원칙이 필수다. 이는 단순한 법적 요구를 넘어 장기적 신뢰 구축의 핵심이 된다.

이 영역에서 드러나는 핵심 문제는 '공감의 자동화 가능성'이다. 기술은 감정을 모방하지만, 관계 속 의미를 생성하지는 못한다. 즉, 공감의 형식은 구현되지만, 관계의 본질은 여전히 인간의 몫이다. AI의 강점이 일관성이라면 인간의 강점은 상황적 판단이며, 이는 서비스 품질의 차이를 만드는 요인이다. 따라서 향후 뷰티 산업의 경쟁력은 기술의 정밀도보다 감정 해석의 깊이에 의해 결정될 것이다.

문화적·사회적 맥락

AI와 인간 감성의 균형은 문화와 세대에 따라 다르게 설정된다. 서구권 고객은 자기 개성과 실험적 시도를 중시하는 경향이 강하며, 한국과 동아시아 고객은 사회적 맥락과 타인의 시선을 상대적으로 더 고려한다. 같은 단발머리 추천이라도 어떤 문화권에서는 개성의 상징으로, 다른 문화권에서는 예의 바른 인상의 상징으로 받아들여진다. 애슐리 등(Ashley et al., 2025)은 미적 평가 지표가 문화적 협상 속에서 끊임없이 재구성된다고 강조한다. 이 관점은 미적 판단이 보편적이지 않음을 보여 준다. AI 역시 학습 데이터의 문화적 편향을 그대로 반영할 수 있으므로, 현장에서는 이를 상쇄할 인간적 해석이 요구된다.

이러한 차이를 고려해 디자이너는 AI 추천의 가중치를 상황별로 조정해야 한다. 예컨대 한국의 20대 고객은 관리 편의성, SNS 사진 결과, 합리적 가격을 중시한다. 따라서 AR 기반 시뮬레이션과 예산 구간별 유지 전략을

묶어 제안하는 것이 효과적이다. 반면, 글로벌 도시권의 고객은 자기표현과 개성을 우선시하므로, 창의적 스타일링 옵션을 다양하게 제시하고 디자이너가 현실성을 조정하는 것이 적합하다.

운영 차원에서는 하이브리드 프로토콜이 필요하다. 온라인 사전 문진과 이미지 업로드 → AI 초안 추천 → 현장 인터뷰와 감정 리드-백 → 맞춤형 시술 → 사후 케어로 이어지는 절차는 고객 불안을 낮추고 만족을 높인다. 또한 상담 체류 시간 대비 결정 만족도, 시술 후 재만족도, 시뮬레이션-현실 일치도 같은 품질 지표를 도입해 피드백 루프를 강화해야 한다(Kolomaznik et al., 2024). 이와 같은 하이브리드 프로토콜은 기술의 객관성과 감정적 신뢰를 동시에 강화하는 구체적 실행 모델이다. 즉, 이는 기술과 인간 감성이 함께 작동하는 구체적 관리 전략이다.

이 현상은 뷰티 산업이 글로벌화되면서 나타난 문화적 다양성 문제를 반영한다. 미적 판단은 사회적 규범과 심리적 선호가 결합된 결과이므로, AI의 문화적 무감각은 서비스의 설득력을 약화시킨다. 따라서 향후 기술 발전의 방향은 문화 데이터의 정교화, 즉 '로컬 감성 인식(Local Emotional Recognition)'으로 나아가야 한다. 이는 기술의 중립성을 보완하고, 문화 간 차이를 존중하는 새로운 디자인 철학을 가능하게 한다.

미래 지향적 모델

AI의 역할을 보조(assist), 증폭(amplify), 필터(filter)로 구분하면 혼란을 줄일 수 있다. 보조는 반복 업무를 담당하고, 증폭은 디자이너의 창의적 탐색을 넓히며, 필터는 과도한 정보를 정리한다. 이 세 가지 기능은 뷰티 산업에서 인간-AI 협력 모델을 구조화하는 실질적 기준이 될 수 있다(Kolomaznik et al., 2024). 생성형 AI는 고객이 설명하기 어려운 '느낌'을 빠르게 시각화하고, 디자이너는 그 이미지를 현실성과 관리 가능성에 맞게 다듬는다. 이렇게 역할을 분리하면 AI의 속도와 인간의 공감 능력이 충돌하지 않고 상호 강화된다.

결국 AI는 고객에게 "얼굴형에 맞는 스타일"을 제시하고, 디자이너는 "오늘의 나에게 맞는 이유"를 제공한다. 이 조합이야말로 인공지능 시대의 이상적 서비스 모델이다. AI는 데이터 기반 나침반이 되고, 인간은 그 나침반을 맥락 속에서 해석하는 항해사가 된다. 이는 AI의 진보는 인간의 감정을 대체하는 방향이 아니라, 그 복잡성을 이해하고 확장하는 쪽으로 향해야 한다. 뷰티 산업의 미래는 기술적 정확성과 인간적 감성의 하이브리드 모델에서 완성될 것이다.

이 모델의 핵심 의의는 기술과 인간 감각의 '기능적 분업'에 있다. AI가 정량적 분석과 예측을 담당하는 동안, 인간은 가치 판단과 감정 조율을 맡는다. 이러한 구조는 서비스의 효율성과 감성의 품질을 동시에 높이며, 산업 경쟁력을 결정하는 새로운 기준이 된다. 다만, AI 의존도가 과도해질 경우 인간의 감각 훈련이 약화될 수 있다는 한계가 존재한다. 따라서 미래의 뷰티 산업은 '기술 발전 속 인간 감각의 재활성화'라는 과제를 병행해야 한다.

참고문헌

고경애·한채정(2022). "언택트(Untact) 시대 뷰티서비스 구성원의 감성지능이 직무 임베디드니스에 미치는 영향관계에서 라포형성행동의 매개효과". 《한국미용학회지》, 28(4), 872~882쪽.

Agrawal, A. et al.(2025). Psychological effect of AI driven marketing tools for beauty/facial feature enhancement. arXiv:2504.17055.

Al-Dhubaibi, M. S.(2025). Artificial intelligence in aesthetic medicine: Applications, challenges, and future directions. *Journal of Cosmetic Dermatology, 24*(6), e70241.

Ashley, E. et al.(2025). What does it mean to be beautiful?

Exploring the limits of AI-driven beauty assessment. *Journal of Clinical and Aesthetic Dermatology, 18*(4), pp.24~27.

Bhattacharya, S.(2022). Artificial intelligence, human intelligence, and the future of public health. *AIMS Public Health, 9*(4), pp.644~650.

Brynjolfsson, E. & McAfee, A.(2014). *The second machine age: Work, progress, and prosperity in a time of brilliant technologies.* W. W. Norton & Company.

Grech, V. S. et al.(2024). Cosmetology in the era of artificial intelligence. *Cosmetics, 11*(4), 135.

Kamble, Y. M. & Kulkarni, R. B.(2024). Recommendation system for hairstyle based on face recognition using AI and machine learning. *International Journal of Software Innovation, 12*(1), pp.1~10.

Kolomaznik, M. et al.(2024). The role of socio-emotional attributes in enhancing human-AI collaboration. *Frontiers in Psychology, 15*, 1369957.

Schaich Borg, J. & Read, H.(2024). What Is Required for Empathic AI? It Depends, and Why That Matters for AI Developers and Users. arXiv:2408.15354.

02
AI 스타일링 어시스턴트와 얼굴 분석 기술

AI 얼굴 분석은 얼굴형 · 표정 · 데이터를 통합해 맞춤형 스타일을 제안하며, 정량적 분석을 '감성적 해석'의 단계로 확장하고 있다. 그러나 미적 판단은 문화와 감정의 산물이므로, AI의 기술적 정확도보다 인간 디자이너의 직관과 감정 해석력이 결정적이다. 인간 디자이너의 직관적 판단과 보완적 협력이 필수적이다.

노래하는 AI 보컬?

얼굴형 분석의 중요성

AI 기반 스타일링 어시스턴트는 얼굴 랜드 마크를 탐지하고 이를 기반으로 얼굴형을 분류한 뒤, 최적화된 헤어스타일을 추천한다. 리우 등(Liu et al., 2019)은 얼굴 특징점 추출과 점수 기반 추천 알고리즘을 결합해 초기형 시스템을 개발했으며, 이는 개인 맞춤형 미용 서비스의 가능성을 열었다. 이러한 기술은 과거 디자이너의 경험적 감각에 크게 의존하던 부분을 정량화된 지표로 전환시켜, 객관성을 강화하는 효과가 있었다.

국내에서는 김태국(2023)이 빅데이터와 딥페이크 기술을 활용하여 얼굴형 분석 후 동영상 형태의 스타일 추천 서비스를 제시하였다. 이는 기존의 정적인 사진 합성 방식과 달리, 움직이는 영상 속에서 스타일 변화를 체험하게 함으로써 고객의 체감 만족도를 크게 높였다. 이처럼 얼굴형 분석은 단순히 시각적 제안에 그치지 않고, 고객이 미리 결과를 경험할 수 있게 하는 시뮬레이션 도구로 확장되고 있다. 결국 얼굴형 분석은 '기술적 계산'이 아니라 '감성적 상상'을 지원하는 창구로 기능하며, 디자이너의 직관적 판단과 결합할 때 그 효과가 극대화된다. 얼굴 분석 기술은 인간의 외모를 정량화하려는 시도에서 출발했지만, 본질적으로는 '자기 인식(self-perception)'을 시각화하는 과정으로 진화하고 있다. 얼굴형 분석은 단순한 측정이 아니라, 인간의 미적 판단을 구조화하는 기술적 언어다. 이러한 변화는 미용이 감각 산업을 넘어 '데이터 미학(Data Aesthetics)'으로 전환되고 있음을 시사한다. 다시 말해, 뷰티 산업은 기술적 정확성보다 '감정 해석과 의미 부여'의 과정을 통해 개인의 정체성을 재구성하는 방향으로 확장되고 있다.

최신 알고리즘과 모델 사례

얼굴 분석 분야의 최신 연구는 단순한 얼굴형 분류를 넘어, 미묘한 개별 차이를 반영하는 정교한 알고리즘으로 발전하고 있다. 이상민 외(2025)는 자카드 유사도 기반의 얼굴형 반영 시스템을 제안해 기존 유클리드 거리 기반 분석보다 더 세밀한 유사도 산출을 가능하게 했다. 이를 통해 고객은 자신과 비슷한 얼굴형을 가진 집단의 스타일 사례를 확인하고, 더욱 현실적인 선택을 할 수 있다.

또한 장 등(Jang et al., 2022)은 Mask R-CNN(Regions with Convolutional Neural Network)과 생성적 적대 신경망(GAN)을 결합한 HSC-Net 모델을 통해 실제 사진 위에 자연스럽게 헤어스타일을 합성하는 기술을 구현하였다. 이 모델은 합성 결과의 사실감을 높여, 고객이 실제로 스타일 변화를 경험하는 것과 유사한 시각적 효과를 제공한다. 압둘라 등(Abdullah et al., 2022)은 앙상블 기법을 적용하여 데이터 불균형 문제를 개선하고, 추천 정확도를 90% 이상으로 끌어올렸다. 이러한 발전은 AI 어시스턴트의 실무 활용 가능성을 한층 높였다. 최근 연구는 시각적 합성뿐 아니라 사용자 만족도 예측 모델까지 통합하며, 기술이 '추천'에서 '결정 지원'의 단계로 발전하고 있다.

이러한 알고리즘의 발전은 뷰티 산업 내 '경험의 표준화'를 촉진했다. 즉, 기술은 개인의 감각을 수치화하면서 동시에 그 감각을 재현 가능한 구조로 전환시킨다. 이 과정에서 인간의 직관은 데이터로 확장되고, 기술의 분석력은 감정적 판단을 보조한다. 그러나 이 표준화는 양날의 검이다. 정밀한 분석은 객관성을 높이지만, 개성의 다양성을 축소시킬 수 있다. 이는 미용의 본질적 가치인 '개인화된 아름다움'과 충돌할 가능성을 내포한다. 따라서 AI 알고리즘은 기술적 정교함과 함께 '개성 보존의 철학'을 내재해야 하며, 이것이 새로운 윤리적 과제가 된다.

데이터세트와 현장 적용

AI 스타일링 연구의 성패는 고품질 데이터세트 확보에

달려 있다. 김 등(Kim et al., 2021)이 구축한 K-헤어스타일 데이터세트(K-Hairstyle Dataset)는 한국인의 고해상도 헤어스타일 이미지 수십만 장을 포함하여, 다양한 연령대와 스타일을 반영한 자료를 제공한다. 이 데이터세트는 해외 연구에서 부족했던 동양인 얼굴형 및 헤어스타일의 다양성을 보완하며, 국내 맞춤형 모델 개발에 결정적인 기여를 했다.

실무에서는 이러한 데이터세트가 디자이너와 고객 사이의 시각적 소통 도구로 활용된다. 예를 들어 고객이 "자연스러운 단발"을 원한다고 말했을 때, 디자이너는 K-Hairstyle 데이터세트를 기반으로 다양한 사례를 시각적으로 보여 주며 선택지를 좁힐 수 있다. 이는 상담 과정에서 고객의 불확실성을 줄이고, 의사 결정을 빠르게 하는 장점이 있다. 데이터세트는 단순히 학습용 자료가 아니라, 현장 커뮤니케이션을 매개하는 '감각적 언어'로서 기능한다.

이 현상은 데이터가 단순한 기술적 자원이 아니라 '사회 문화적 기록'으로 전환되고 있음을 보여 준다. 얼굴 데이터세트는 인간의 다양성을 포착하는 동시에, 특정 미적 기준을 제도화하는 역할도 수행한다. 따라서 데이터 구축 과정은 기술적 객관성뿐 아니라 문화적 대표성을 확보해야 한다. 이는 AI 뷰티 모델이 특정 인종·연령·성별 중심으로 편향되지 않기 위한 최소 조건이다. 향후 데이터세트의 경쟁력은 '양'이 아니라 '포용성'에서 결정될 것이다.

한계와 과제

비록 AI 기반 얼굴 분석 기술이 빠르게 발전했지만, 여전히 심리적·정서적 차원까지 해석하는 데는 한계가 존재한다. 고객의 감정 상태, 자기표현 욕구, 사회적 맥락은 데이터로 환원하기 어렵다. 따라서 AI 추천은 어디까지나 보조적 가이드라인에 머물며, 최종 결정은 디자이너의 감정적 통찰과 상담 능력에 의존한다.

또한 개인정보 보호 문제 역시 과제로 남는다. 얼굴 이미지는 민감한 생체 데이터이므로, 활용 시 데이터 보안과 재식별 위험을 최소화하는 방안이 필요하다. 더 나아가 문화적 맥락을 반영하지 못하면 AI 추천은 오히려 고객의 거부감을 불러올 수 있다. 예컨대 같은 단발머리도 한국에서는 단정함의 상징일 수 있지만, 서구권에서는 개성의 표현으로 해석될 수 있다. 따라서 AI 추천은 보편성과 함께 지역적·문화적 맥락을 반영할 수 있어야 하며, 앞으로의 연구는 기술 정확도뿐 아니라 '감정적 해석력'을 평가 지표로 포함해야 하며, 인간-AI 협력형 의사 결정 체계로 나아가야 한다.

AI 얼굴 분석은 기술적 완성도와 별개로 '미적 감수성의 한계'라는 구조적 문제를 안고 있다. 얼굴형은 객관적 형태이지만, 미의 기준은 사회적 합의의 산물이다. 즉, 데이터는 현실을 반영하지만, 그 현실은 이미 특정 문화의 시선을 내포한다. 이러한 이유로 AI 추천은 절대적 진리가 아니라 문화적 제안으로 이해되어야 한다. 향후 발전 방향은 정량 분석을 넘어 '감정적 알고리즘(Emotional Algorithm)' 개발로 이동해야 한다. 이는 데이터가 인간의 심리와 문화적 서사를 읽어내는 단계로 확장되는 과정을 의미하며, 기술의 인간화와 예술화가 동시에 요구되는 지점이다.

참고문헌

김태국(2023). "빅데이터와 딥페이크 기반의 헤어스타일 추천 시스템 구현". 《사물인터넷융복합논문지》, 9(3), 13~19쪽.

이상민 외(2025). "얼굴형을 고려한 자카드 유사도 기반 헤어스타일 추천 시스템". 《전자공학회논문지》, 62(4), 47~53쪽.

Abdullah, M. et al.(2022). Hybrid based model face shape classification using ensemble method for hairstyle recommender system. *Proceedings of 2nd International Conference on Smart Computing and Cyber Security*

(MMSTA 2022), pp.61~68. Springer.

Jang, S.-G. et al.(2022). Development of a hairstyle conversion system based on Mask R-CNN. *Electronics, 11*(12), 1887.

Kim, T. et al.(2021). K-Hairstyle: A large-scale Korean hairstyle dataset for virtual hair editing and hairstyle classification. arXiv:2102.06288.

Liu, Z. et al.(2019). Design and Implementation of Hair Recommendation System Based on Face Recognition. Atlantis Press..

03
가상 헤어스타일 시뮬레이션

AR · VR 기반 가상 시뮬레이션은 고객이 즉각적으로 스타일 변화를 체험하며 상담과 교육의 효율성을 높이는 핵심 기술로 자리 잡았다. 팬데믹 이후 비대면 체험이 확산되면서 접근성과 효율성이 강화되었으나, 감정과 문화 맥락을 완전히 반영하지 못한다는 한계도 지닌다.

인공지능과 편향?

AR 기반 실시간 시뮬레이션의 실용성

증강현실 기반 기술은 카메라와 알고리즘을 활용해 고객의 얼굴을 인식하고, 여기에 가상의 헤어스타일을 덧입히는 방식으로 작동한다. 푸트리 등(Putri et al., 2020)의 연구에서 비올라-존스(Viola-Jones) 얼굴 인식 방법을 활용한 AR 헤어스타일 시스템은 실제 미용실에서 적용되어 평균 80%대의 높은 만족도를 기록하였다. 이는 전통적 사진 · 카탈로그 방식보다 훨씬 직관적이며, 고객이 즉각적으로 스타일 변화를 시각화할 수 있게 했다.

현장에서는 이러한 AR 기술을 상담 보조 도구로 활용해 고객의 이해도를 높이고 있다. 예컨대 고객이 "단발이 어울릴까요?"라고 물을 때, 디자이너는 실시간 AR 시뮬레이션으로 여러 길이와 컬의 변화를 보여 주며 설명할 수 있다. 이 과정은 고객의 선택 불안을 줄이고, 상담 효율성을 높이는 동시에, 시술 후 결과에 대한 신뢰도를 크게 강화한다. 더 나아가 글로벌 뷰티 기업들은 이러한 AR 기술을 모바일 애플리케이션에 접목해, 고객이 집에서도 스마트폰 카메라를 통해 다양한 스타일을 체험할 수 있도록 서비스를 확장하고 있다(https://www.loreal.com/). 이는 고객이 미용실을 방문하기 전부터 구체적 기대를 형성하게 하여, 실제 현장에서 상담 과정의 효율을 극대화하는 효과를 가져온다. 또한 이러한 서비스는 고객의 결정 과정에서 불확실성을 줄이고 전문가가 제안하는 스타일과 고객의 선호 사이의 간극을 좁히는 데 기여한다. 결과적으로 디지털 기술은 단순히 시뮬레이션을 넘어, 고객 경험 전반을 향상시키는 새로운 소통 도구로 자리매김하고 있다. AR 시뮬레이션은 시각적 재현뿐 아니라 '심리적 설득 도구'로서의 역할도 수행하며, 고객의 선택 확신을 강화하는 감정적 촉매로 기능한다(Yang et al., 2024). AR 기술의 등장은 뷰티 서비스의 '상상 단계'를 기술적으로 시각화한 전환점으로 평가된다. 과거의 미용 상담이 언어적 설명에 의존했다면, 이제는 실시간 시뮬레이션을 통해 고객이 자신의 이미지를 즉시 확인할 수 있다. 이는 미용 서비스의 의사 결정 구조를 '감정적 추측'에서 '시각적 확신'으로 바꾸는 패러다임 전환이다. 나아가 디자이너의 직관이 데이터 기반 예측과 결합하면서, 경험적 판단이 체계화되고, 고객과의 신뢰 형성이 더욱 빠르게 이루어진다.

미용 컨설팅 도구로서의 AR 효과

AR는 단순한 시각적 체험을 넘어 심리적·감정적 경험을 유도한다. 양 등(Yang et al., 2024)의 연구는 AR 체험이 S-O-R(Stimulus-Organism-Response) 이론을 기반으로 고객의 미적 경험(Aesthetic Experience)을 향상시킨다고 밝혔다. 구체적으로, 자극(AR 시뮬레이션)이 유기체(사용자의 감각 · 감정)에 영향을 미쳐 반응(구매 의도, 스타일 선택)에 긍정적 효과를 준다는 것이다.

실무에서 이는 고객의 몰입감과 설득력을 높이는 데 유용하다. 상담 과정에서 고객이 AR를 통해 스타일 변화를 직접 체험하면, "이 스타일로 하면 나도 이렇게 보이겠구나"라는 확신을 얻어 선택에 적극적으로 나선다. 이는 단순한 '보여 주기'가 아니라, 고객의 감정을 설득하는 새로운 상담 방식으로 자리 잡고 있다. 특히 연령이 낮은 고객층은 디지털 환경에 익숙하고, 자기표현을 중시하기 때문에 AR 시뮬레이션을 긍정적으로 수용하는 경향이 강하다(FFFace Media, 2025). 이는 뷰티 서비스의 세대별 차별화 전략에도 중요한 시사점을 제공한다. 즉, AR 기술은 세대별 감성 코드에 맞춘 '맞춤형 설득 커뮤니케이션' 도구로 확장될 가능성이 높다.

VR를 통한 원격 교육 및 다중 체험

VR는 물리적 제약을 뛰어넘어 교육과 체험의 새로운 장을 열고 있다. 성과 진(Sung & Chin, 2023)은 다중 사용자 VR 플랫폼에서 아바타 기반 헤어 디자인을 실험한 결과, 원격 환경에서도 학습자들의 협업과 몰입이 크게 향상되었다고 보고했다.

예를 들어 미용학과 학생들은 VR 플랫폼에 접속해 동일한 가상 모델에 다양한 스타일을 적용하고 의견을 교환할 수 있다. 이는 실제 실습실에 모이지 않아도 가능한 협업 학습이며, 팬데믹 이후 특히 큰 주목을 받았다. 또한 VR는 소비자 체험에도 적용 가능하다. 고객이 집에서도 VR 기기를 통해 다양한 스타일링을 체험하고, 미용실 방문 전 선택을 구체화할 수 있다. VR 시뮬레이션은 교육과 고객체험 모두에서 '참여적 학습(participatory learning)'을 구현함으로써, 기술과 감정의 융합적 몰입 환경을 조성한다(Cheiran et al., 2025).

VR 기술은 AR보다 높은 몰입도와 상호작용성을 제공한다는 점에서, 뷰티 산업의 '교육적 전환점'을 이끌고 있다. 전통적 실습 교육은 재료비와 공간 제약으로 제한되었으나, VR 환경에서는 시간 · 장소의 제약 없이 무한 반복이 가능하다. 이는 기술 학습의 민주화이자, 창의적 실험의 장을 확장하는 의미를 가진다. 그러나 과도한 가상화는 감각 훈련의 현실성을 저하시킬 수 있다. 따라서 교육적 VR는 '가상 시연'과 '현장 체험'을 병행하는 하이브리드 형태로 발전해야 한다.

사용자 경험 측정과 서비스 고도화

가상 시뮬레이션 서비스의 성과를 객관적으로 평가하기 위해 사용자 경험(UX)을 측정하는 도구도 필요하다. 카이란 등(Cheiran et al., 2025)은 iUXVR 도구를 개발해 몰입감, 현실감, 심리적 반응 등을 수치화할 수 있게 했다. 이와 같은 지표는 단순히 "재밌었다" 수준의 피드백을 넘어, 실제 서비스 품질 개선과 교육 효과 검증에 활용될 수 있다.

실무에서는 상담 만족도, 시뮬레이션-현실 일치도, 재방문 의도 등을 측정 지표로 삼아야 한다. 예를 들어 고객이 "시뮬레이션 때 본 이미지와 실제 결과가 유사했다"고 평가하면, 기술의 신뢰성이 강화되고 재방문 확률도 높아진다. 향후에는 감정 분석(Affective Computing)을 접목한 UX 지표 개발이 필요하며, 이를 통해 감성적 반응을 수치화할 수 있을 것이다.

이론적으로 UX 측정은 인간-기계 상호작용(HCI)의 확장된 형태로 이해된다. 과거의 HCI가 사용 편의성 중심이었다면, 현재의 UX 평가는 감정 반응과 몰입의 질적 요소를 포함한다. 특히 AR · VR 환경에서는 '인지 부하(Cognitive Load)'와 '감정 공명(Affective Resonance)'이 서비스 품질의 핵심 변수가 된다. 따라서 미래의 시뮬레이션 평가는 기술적 정확성보다 '감정 경험의 일관성'을 중심으로 재편될 것이다.

한계와 과제

그럼에도 불구하고 AR · VR 기반 헤어스타일 시뮬레이션에는 몇 가지 과제가 남아 있다. 첫째, 얼굴 인식 및 스타일 합성의 정확성이 여전히 개선되어야 한다. 조명, 각도, 피부 톤 등에 따라 합성 결과가 다르게 나타날 수 있다. 둘째, 감정적 맥락 해석의 부족이다. 현재 시스템은 외형적 변화만 시뮬레이션할 뿐, 고객의 심리 상태나 사회적 상황에 따른 적합성을 반영하지 못한다. 셋째, 접근성의 문제다. VR 기기는 아직 대중화되지 않았으며, 고가의 장비가 필요한 경우가 많다.

이러한 과제를 해결하기 위해서는 고도화된 AI 알고리즘, 문화 · 정서적 데이터를 반영한 모델, 그리고 저비용 · 고효율 기기의 개발이 필요하다. 나아가 기술 중심 접근에서 벗어나 인간의 감정, 문화, 윤리적 요소를 통합하는 포괄적 프레임워크 구축이 요구된다.

AR · VR 시뮬레이션의 가장 근본적 한계는 '현실 감각의 결여'다. 기술은 외형의 변화를 정확히 재현하지만, 촉감 · 온도 · 시간 같은 감각적 요소를 담아내지 못한다. 또한 시각 중심의 경험은 미용의 본질인 '인간 관계성'을 약화시킬 위험이 있다. 따라서 향후 연구는 다감각 통합형 시뮬레이션(multisensory simulation)으로 확장되어야 하며, 윤리적으로는 '데이터 신체(data-body)'에 대한 정의가 새롭게 필요하다. 기술이 인간을 모사하는 단계를 넘어, 인간의 감정적 복합성을 존중하는 단계로 나아갈 때 비로소 뷰티 산업의 진정한 디지털 전환이 완성된다.

참고문헌

Abdullah, M. et al.(2022). Hybrid based model face shape classification using ensemble method for hairstyle recommender system. *Proceedings of 2nd International Conference on Smart Computing and Cyber Security (MMSTA 2022)*, pp.61～68. Springer.

Cheiran, J. F. P. et al.(2025). Measuring the key components of the user experience in immersive virtual reality environments. *Frontiers in Virtual Reality, 6.*

FFFace Media(2025). AR in the beauty: How augmented reality is transforming makeup industry. https://fffface.me/media/ar-in-the-beauty-how-augmented-reality-is-transforming-makeup-industry/

L'orėal. https://www.loreal.com/

Pine, B. J. & Gilmore, J. H.(2019). *The Experience Economy: Competing for Customer Time, Attention, and Money.* Harvard Business Review Press.

Putri, G. V. et al.(2020). The implementation of augmented reality hairstyles at beauty salons using the Viola–Jones method (case study: Eka Salon). *Jurnal Informatika dan Sains, 3*(2).

Sung, C. & Chin, S.(2023). Contactless multi-user virtual hair design synthesis. *Electronics, 12*(17), 3686.

Yang, H. P. et al.(2024). Applying Stimulus–Organism–Response Theory to Explore the Effects of Augmented Reality on Consumer Purchase Intention for Teenage Fashion Hair Dyes. *Sustainability, 16*(6), 2537.

04

AI와 자기 정체성의 재구성

AI는 외모 분석과 스타일 추천을 넘어 개인의 정체성을 시각적으로 구성하는 도구로 발전했다. 그러나 이러한 기술은 자기 대상화와 불안을 초래할 위험도 있다. 따라서 뷰티 AI는 정체성을 설계하는 주체가 아니라 보조하는 존재로 자리해야 하며, 인간의 감정 해석과 윤리적 판단이 결합될 때 비로소 자율적 정체성의 회복이 가능하다.

청각장애인과 AI?

AI는 개인 정체성을 구조화하는 도구

뷰티 AI는 단순한 외모 분석에서 벗어나 사용자의 자기 정체성을 시각적으로 형성하는 도구로 진화하고 있다. K-트렌디뉴스(K-Trendynews, 2025)는 생성형 AI가 뷰티 산업의 가치 사슬과 경쟁 구도를 재편하는 흐름을 조명했다. 이러한 산업적 변화는 저자의 관점에서 볼 때, 개인이 외모 데이터를 통해 자기 정체성을 재구성하도록 유도하는 사회 문화적 장치로 해석될 수 있다. 예컨대, 특정 브랜드의 AI 피부 진단 서비스 'AI 옵티미'는 사용자에게 스킨 ID 카드를 발급해 '나만의 피부 정체성'을 시각화하는 경험을 제공하였다(Beautynury, 2024). 이는 AI가 단순한 진단을 넘어 자기 정체성의 일부를 제안하는 역할을 하고 있음을 보여 준다.

AI는 고객이 '나는 어떤 사람인가'를 외모적 지표를 통해 재구성하게 하며, 이는 자기표현 방식에 직접적인 영향을 미친다. 다시 말해, AI는 뷰티 서비스를 '외형 관리'에서 '정체성 설계'로 확장시키는 중요한 전환점을 마련했다. 이는 뷰티 기술이 더 이상 단순히 외모를 개선하는 장치가 아니라, 개인의 '디지털 자아'를 시각화하고 강화하는 사회적 미디어로 기능하기 시작했음을 의미한다(Bryson, 2019).

AI 기술은 인간의 외형을 수치화함으로써 '정체성의 시각화'를 본격적으로 가능하게 한 미용 도구로 평가된다. 이는 전통적인 미용관이 "외모는 표현의 결과"라는 전제에 머물렀던 것과 달리 "외모는 정체성의 구성 요소"라는 새로운 관점을 제시한다. 이러한 변화는 미용의 패러다임을 심미적 개선에서 정체성 재구성(identity reconstruction)으로 이동시켰다. 즉, 미용은 기술적 서비스가 아니라 개인의 존재를 해석하고 확장하는 하나의 사회 문화적 과정으로 자리 잡고 있다.

자기 대상화와 심리적 영향

그러나 AI 기반 도구는 긍정적 효과와 함께 자기 대상화를 강화할 위험도 내포한다. Agrawal et al.(2025)은 AI 기반 얼굴 분석이 사용자로 하여금 자신의 외모를 끊임없이 타인의 시선으로 평가하게 만들며, 이는 자존감 저하, 불안 증가, 부정적 정서 반응으로 이어질 수 있음을 실증했다. 특히 여성 사용자의 경우 이러한 심리적 압박이 더 강하게 나타났다.

예를 들어, 피부 점수 · 얼굴형 분류와 같은 수치화된 결과는 사용자에게 객관적 지표로 받아들여지지만, 동시에 외모를 '평가받는 대상'으로 환원시킨다. 이는 고객이 "나는 충분히 괜찮다"라는 자기 수용 대신, "얼마나 더 개선되어야 하는가"라는 비교 · 불안 심리를 강화한다. 결과적으로 AI는 자기 인식과 자기표현을 돕는 동시에, 부정적 심리 구조를 강화할 수도 있는 양면성을 가진다. 이는 AI가 심리적 미용 경험의 '거울 효과(mirroring effect)'를 강화시키며, 사용자가 자신을 타자의 시선으로만 인식하게 만드는 심리적 구조를 촉진한다(Grech et al., 2024).

이 현상은 기술 발전이 인간 내면에 미치는 심리적 긴장을 드러낸다. 과거의 미용이 '타인의 평가'를 전제로 작동했다면, AI 시대의 미용은 '스스로를 평가하는 주체'로의 전환을 촉발한다. 그러나 이러한 자기 평가가 수치화된 시스템 안에서 이루어질 경우, 개인은 주체이자 동시에 객체가 되는 역설적 위치에 놓인다. 즉, AI는 자아를 강화하는 동시에 통제하는 이중적 장치가 된다. 이러한 자기 대상화는 현대인의 심리 구조 속에서 '자기 감시(Self-surveillance)'로 발전하며, 미적 경험의 자유를 제한할 위험이 있다.

인간성과 정체성 회복의 필요성

AI가 정체성을 구조화하는 능력은 유망하지만, 인간의

고유한 정체성과 감정을 완전히 대체할 수는 없다. 신은화(2021)는 AI가 인간다움과 감성 교류를 대체할 수 없음을 강조하며, 기술에 의존할수록 오히려 인간의 고유성을 재확인할 필요가 있음을 지적하였다.

뷰티 서비스 현장에서 이는 매우 중요한 의미를 갖는다. 고객의 정체성은 단순히 데이터로 정의되는 것이 아니라, 문화적 맥락 · 개인적 서사 · 감정적 교류 속에서 형성된다. 따라서 AI는 자기표현을 지원하는 보조적 도구로 활용되어야 하며, 인간 전문가의 공감 능력과 상담 경험이 정체성 회복의 핵심으로 작동해야 한다. 결국 기술의 진보는 인간의 정체성을 대체하는 방향이 아니라, 그 복잡성과 다양성을 인정하고 확장하는 방향으로 나아가야 한다(Bhattacharya, 2022).

이론적으로 이는 '인공지능 인간학(Anthropology of AI)' 관점에서 설명될 수 있다. 기술은 인간의 행동과 감정을 모방하지만, 존재의 의미를 부여하지는 못한다. 즉, AI는 정체성의 형태를 지원할 수는 있어도 그 내적 의미를 창조하지는 않는다. 따라서 인간 전문가의 역할은 기술이 제시한 결과를 '이해 가능한 이야기'로 번역하고, 고객의 내면적 자아를 되돌려주는 것이다. 이런 맥락에서 뷰티 산업의 본질은 여전히 감정적 해석과 인간적 교류에 있다.

균형적 활용 전략

앞으로의 뷰티 산업에서는 AI를 '정체성 설계자'가 아닌 '정체성 보조자'로 위치시켜야 한다. 고객이 자기 대상화의 위험에 빠지지 않도록, 디자이너는 AI 결과를 긍정적 서사로 전환해야 한다. 예를 들어, "피부 점수 70점이므로 부족하다"가 아니라, "이런 관리로 피부가 더 건강해질 가능성이 있다"라는 메시지로 바꿔 제시하는 것이다.

또한 교육 차원에서 고객에게 "AI는 참고 지표일 뿐이며, 당신의 개성과 정체성은 수치로 환원될 수 없다"라는 안내를 병행해야 한다. 이렇게 할 때 AI와 인간 전문가의 협업은 정체성을 왜곡하지 않고, 오히려 자기 수용을 강화하는 방향으로 작동할 수 있다. 따라서 뷰티 AI의 윤리적 설계는 기술적 정확도뿐 아니라 '정체성의 자율성(autonomy of identity)'을 보장하는 방향으로 발전해야 한다(Kolomaznik et al., 2024).

AI와 인간 전문가의 협력은 단순한 기능 분담이 아니라, 정체성 형성 과정의 '윤리적 공존 모델'을 구축하는 데 목적이 있다. 기술은 효율성을 담당하고, 인간은 의미 해석을 담당한다. 이러한 구조 속에서 뷰티 AI의 발전 방향은 '정체성의 다양성'을 보존하는 방향으로 조정되어야 한다. 기술이 인간의 자율성을 존중할 때, AI는 자기 대상화의 도구가 아닌 자기 이해의 거울로 기능할 수 있다. 따라서 향후 산업의 핵심 과제는 기술 혁신이 아니라, 인간 존엄성과 감정적 자율성을 보장하는 설계 철학을 확립하는 것이다.

참고문헌

신은화(2021). "AI 시대 인간의 정체성과 소외". 《동서인문》, 15, 5~42쪽.

Beautynury(2024). "고운세상코스메틱, 'Ai 옵티미' 활용 피부 정체성 진단 이벤트". 뷰티누리.

K-Trendynews(2025). "신뷰티의 전쟁, 생성형 AI는 산업구조를 어떻게 재편하는가". https://www.k-trendynews.com/news/articleView.html?idxno=180649

Agrawal, A. et al.(2025). Psychological effect of AI driven marketing tools for beauty/facial feature enhancement. arXiv:2504.17055.

Bhattacharya, S.(2022). Artificial intelligence, human intelligence, and the future of public health. *AIMS Public Health, 9*(4), pp.644~650.

Bryson, J. J.(2019). The Past Decade and Future of AI's Impact on Society. *Towards a New Enlightenment? A Transcendent Decade, 11.* Turner.

Grech, V. S. et al.(2024). Cosmetology in the era of artificial intelligence. *Cosmetics, 11*(4), 135.

Kolomaznik, M. et al.(2024). The role of socio-emotional attributes in enhancing human-AI collaboration. *Frontiers in Psychology, 15*, 1369957.

05
AI와 고객 맞춤형 헤어 서비스의 진화

AI는 얼굴 · 모발 · 생활 데이터를 통합해 개인 맞춤형 스타일을 제안하며 예측형 서비스로 발전하고 있다. 그러나 외모의 수치화는 불안과 자기 대상화를 초래할 수 있다. 따라서 기술의 효율성에 더해 디자이너 감성과 정체성 존중이 중요하며, 데이터 분석과 인간 해석이 조화를 이루는 하이브리드 모델이 미래의 핵심이다.

AI 콘텐츠 크리에이터?

데이터 기반 맞춤 서비스의 부상

AI는 얼굴 인식, 모발 상태 분석, 생활 패턴 데이터를 통합하여 고객 맞춤형 스타일을 추천하는 수준에 이르렀다. 김 등(Kim et al., 2021)이 구축한 K-Hairstyle Dataset는 한국인의 고해상도 헤어스타일 이미지 수십만 장을 포함하고 있어, 딥러닝 기반 맞춤형 추천 시스템의 정밀도를 크게 향상시켰다. 이는 기존에 서구인 위주로 개발된 모델의 한계를 극복하며, 한국형 개인화 서비스에 실질적 기여를 했다. 이를 통해 딥러닝 기반 추천 시스템은 한국인 얼굴 · 두상 · 모발 특성에 특화된 정밀한 개인화 서비스를 구현할 수 있게 되었으며, 이는 글로벌 뷰티 산업에서도 주목받는 성과로 평가된다.

또한 최근 연구들은 AR 기반 가상 체험 기술이 고객의 선택 과정과 경험의 질을 실질적으로 변화시키고 있음을 보여준다. 부카리 등(Buhkari et al., 2025)은 가상 체험 환경에서의 상호작용성, 현실감, 시각적 몰입도가 소비자의 반응과 평가에 영향을 미치며, 선택 과정에서 느끼는 불확실성을 낮추는 역할을 한다고 설명한다. 이는 AI · AR 융합형 상담 서비스가 단순히 정보를 제시하는 도구가 아니라, 고객이 더 쉽게 결정할 수 있도록 돕는 '의사 결정 보조 장치'로 작동할 수 있음을 의미한다. 이장에서는 이러한 관점을 바탕으로, 임선희(2025)의 연구를 통해 AR · AI 기반 서비스가 실제 상담 현장에서 어떻게 활용될 수 있으며, 경험의 질을 어떻게 높이는지를 중심으로 살펴본다. 이러한 데이터 기반 서비스는 소비자의 선호뿐 아니라, 사용자의 행동 패턴 · 라이프스타일까지 예측함으로써 '예견형 서비스(predictive service)'로 확장되고 있다(Al-Dhubaibi, 2025).

AI 맞춤형 서비스는 '데이터 중심 분석'에서 '감정 중심 설계'로 진화하고 있다. 초기에는 얼굴형 · 모발 상태 등 물리적 지표가 중심이었으나, 최근에는 고객의 생활습관, 감정 변화, 심리적 니즈를 종합적으로 분석하는 다층 모델로 발전했다. 이는 기술이 단순히 외형적 개선을 제안하던 수준을 넘어, 고객의 정체성과 감정적 만족을 통합적으로 관리하는 단계로 이행했음을 의미한다. 즉, 데이터 기반 서비스의 핵심은 정량화가 아니라 '감정의 개인화(emotional personalization)'다.

스타일 추천과 컬러 시뮬레이션

최근 딥러닝 기반 이미지 합성은 고객이 새로운 스타일을 사전에 체험할 수 있도록 돕는다. 장 등(Jang et al., 2022)은 Mask R-CNN과 GAN을 결합한 HSC-Net 모델을 제안해, 사진 속 인물에 자연스럽게 다른 헤어스타일을 합성하는 데 성공했다. 이 기술은 과거의 단순 합성 이미지보다 훨씬 사실적이고 설득력 있는 결과를 제공하며, 특히 미용 상담 과정에서 고객의 이해를 돕고 불확실성을 줄이는 데 유용하다. 최근 한국형 헤어 데이터세트를 활용한 연구에서는 피부 톤과 스타일 정보를 결합해 가상 시각화의 몰입감을 높였으며, 시술 결정 과정에서 사용자 만족도와 확신이 향상되는 경향을 보고하였다(Kim et al., 2021). 이는 AI가 단순히 '추천'에 머물지 않고, 고객이 결과를 미리 체험하게 함으로써 심리적 안도감을 느끼게 하고, 자신감을 가지고 스타일을 선택하도록 돕는 역할을 한다는 점에서 의미가 크다. 즉, 기술의 핵심은 '정답 추천'이 아니라 '자기 확신(self-assurance)'을 유도하는 감정적 설계에 있다(Grech et al., 2024).

AI 시뮬레이션의 발전은 '감정 알고리즘'의 개념으로 확장된다. 이는 사용자의 반응 데이터를 실시간으로 학습해, 단순한 이미지 추천을 넘어 감정 상태에 맞춘 시각적 피드백을 제공하는 기술이다. 예를 들어, 사용자가 불안한 표정을 지을 때 AI가 부드럽고 안정적인 톤의 컬러를 제안하거나, 활발한 감정을 보일 때 역동적 스타일을 제시하는 방식이다. 이러한 감정 기반 시뮬레이션은 인간의 미적 판단 과정을 수치화하려는 시도이자, 기술이 인간의 감정을 '해석 가능한 데이터'로 전환하는 첫 단계로 평가된다.

맞춤 서비스의 심리적 영향

그러나 맞춤형 서비스는 긍정적 경험을 제공하는 동시에 심리적 압박을 초래할 수 있다. Agrawal et al.(2025)의 연구는 얼굴 분석 기반 마케팅 도구가 사용자의 자기 대상화를 강화하고, 불안을 증가시키며, 특히 여성 사용자에게 부정적 정서 반응을 유발할 수 있음을 지적했다. 즉, 고객이 자신의 외모가 지나치게 수치화·객관화되는 경험을 할 경우, 오히려 심리적 부담이 커질 수 있다.

따라서 이러한 위험을 줄이기 위해서는 AI의 결과를 '비교 평가'가 아닌 '성장 가능성'의 관점에서 제시해야 한다. 예를 들어, "현재 모발 건강 점수는 낮다"가 아니라 "이런 관리 프로그램을 통해 머릿결이 개선될 수 있다"라는 방식의 전달이 필요하다. 고객 맞춤형 서비스는 기술적 효율성과 함께 심리적 안정, 정체성 존중을 반드시 병행해야 한다. AI 맞춤 서비스의 핵심 가치는 '데이터 중심 진단'이 아니라 '정서적 공감 기반 피드백'에 있으며, 이는 장기적 고객 신뢰 구축의 본질이다(Schaich

Borg & Read, 2024).

이론적으로 이러한 현상은 '테크노-감정(Techno-emotion)' 개념으로 설명된다. 기술이 감정을 조작하거나 해석하는 과정에서, 인간의 자율적 판단이 제한될 수 있기 때문이다. 즉, 기술은 감정을 읽을 수는 있지만, 그 감정의 의미를 이해하지는 못한다. 따라서 맞춤 서비스의 윤리적 과제는 사용자의 감정을 데이터화하되, 그 감정을 소비의 수단으로 전락시키지 않는 것이다. 이는 감정 알고리즘이 인간의 정체성을 강화하는지, 혹은 통제하는지에 대한 근본적 질문을 제기한다.

인간-AI 하이브리드 모델

AI의 발전에도 불구하고, 고객 맞춤형 서비스의 성공 여부는 결국 인간 전문가의 감성적 해석 능력에 달려 있다. AI는 정밀히 수치화된 분석과 객관적 추천을 제공하지만, 고객의 기분 · 문화 · 맥락을 반영하는 것은 여전히 인간 디자이너의 영역이다.

임선희(2025)의 연구에서도, AI 기반 가상 시뮬레이션이 상담 효율성을 높였음에도 불구하고 고객의 최종 만족 여부는 디자이너가 얼마나 공감적으로 해석하고 설명했는지에 달려 있었다는 결과가 보고되었다. 이는

AI가 보조 도구로서 강력한 역할을 하더라도, 고객 경험의 주도권은 반드시 인간 전문가가 쥐어야 한다는 점을 시사한다. 따라서 미래 뷰티 산업은 AI를 보조 도구로 데이터 분석·추천·시뮬레이션과 같은 정량적·반복적 업무를 담당하고, 인간 전문가가 상담·공감·문화적 해석과 같은 정성적 업무를 맡아 고객 경험의 주도권을 유지하는 하이브리드 접근이 필수적이다. 결국 하이브리드 모델의 완성은 기술의 속도와 인간의 감성이 조화를 이루는 지점에서 가능하며, 이는 뷰티 서비스의 지속가능성을 담보하는 핵심 전략이 된다(Brynjolfsson & McAfee, 2014).

하이브리드 모델의 핵심은 '감정 해석권(interpretive authority)'의 유지에 있다. 기술은 데이터를 제시하지만, 그 의미를 해석하고 맥락화하는 것은 인간의 역할이다. 이는 감정 알고리즘 시대의 새로운 윤리 원칙으로, 인간이 기술을 관리하기보다 기술과 감정을 조율하는 협업자로 자리하는 구조다. 또한 이 모델은 기술 발전의 속도보다 인간의 감정 회복 속도를 고려해야 한다는 점에서 지속 가능성을 담보한다. 향후 뷰티 산업의 경쟁력은 알고리즘의 정확도가 아니라, 감정 해석의 깊이에 의해 결정될 것이다.

참고문헌

이서안·박정아(2024). "뷰티산업에서 증강현실(AR) 기술의 융합 사례와 시장 잠재력". 《한국미용학회지》, 30(6), 1470~1485쪽.

임선희(2025). "AI 기반 가상 헤어스타일 시뮬레이션에 관한 사례 연구". 《미용예술경영학회지》, 19(1), 41~53쪽.

Agrawal, A. et al.(2025). Psychological effect of AI driven marketing tools for beauty/facial feature enhancement. arXiv:2504.17055.

Al-Dhubaibi, M. S.(2025). Artificial intelligence in aesthetic medicine: Applications, challenges, and future directions. *Journal of Cosmetic Dermatology, 24*(6), e70241.

Brynjolfsson, E. & McAfee, A.(2014). *The second machine age: Work, progress, and prosperity in a time of brilliant technologies.* W. W. Norton & Company.

Buhkari et al.(2025). Virtual try-on experience: How augmented reality characteristics shape consumer responses. Journal of Promotion Management, 31(4), 677~710.

Grech, V. S. et al.(2024). Cosmetology in the era of artificial intelligence. *Cosmetics, 11*(4), 135.

Jang, S.-G. et al.(2022). Development of a hairstyle conversion system based on Mask R-CNN. *Electronics, 11*(12), 1887.

Kim, T. et al.(2021). K-Hairstyle: A large-scale Korean hairstyle dataset for virtual hair editing and hairstyle classification. arXiv:2102.06288.

Schaich Borg, J. & Read, H.(2024). What Is Required for Empathic AI? It Depends, and Why That Matters for AI Developers and Users. arXiv:2408.15354.

06
AI와 시술 현장의 재설계

AI는 예약 관리와 시술 데이터 분석을 통해 미용실의 운영 효율성과 안전성을 높이며, 디자이너의 시술 프로세스를 재설계하는 핵심 기술로 부상했다. 그러나 고객 감정의 이해와 즉각적 판단은 여전히 인간 전문가의 영역이다. 미래의 현장은 기술의 정밀함과 디자이너 감성이 조화를 이루는 방향으로 이루어져야 한다.

AI와 민주주의?

프로세스 최적화와 운영 효율성

AI는 단순히 새로운 기술이 아니라, 미용 현장의 운영 방식을 근본적으로 재설계하는 촉매로 작동하고 있다. 예약 · 상담 · 시술 데이터를 통합 관리하여 작업 동선 최적화, 인력 배치 조정, 대기 시간 감소에 기여한다. 예컨대, 예약 데이터를 학습한 AI 시스템은 고객의 방문 패턴을 분석해 최적의 시간대에 인력을 배치하고, 시술 소요 시간을 예측하여 혼잡도를 낮춘다. 콜로마즈닉 등(Kolomaznik et al., 2024)은 인간-AI 협업에서 신뢰 · 라포 · 참여가 생산성을 높이는 핵심 요인임을 강조했는데, 이는 뷰티 현장의 운영 관리에도 적용될 수 있다.

국내 연구에서도 임선희(2025)는 가상 시뮬레이션을 도입한 미용실 사례를 통해 상담 시간이 단축되고 시술 준비 효율성이 향상되었음을 보고했다. 이처럼 AI는 고객 상담 단계부터 시술 과정에 이르는 전 과정을 데이터 기반으로 최적화하여, 기존 대비 약 20~30%의 시간 단축 효과를 가져왔다. 또한 Buhkari et al.(2025)의 연구는 AR 기반 가상 체험 기술이 사용자의 선택 과정과 반응에 영향을 미치며, 의사 결정의 불확실성을 낮추는 방향으로 작동할 수 있음을 보여 준다. 이는 AI 기반 시스템이 단순한 운영 효율 개선을 넘어, 고객 경험의 질을 높이고 결과적으로 경영 성과에 긍정적으로 기여할 가능성을 시사한다.

이러한 변화는 뷰티 산업이 '감각 산업(sensory industry)'에서 '운영 알고리즘(operational algorithm)' 산업으로 확장되고 있음을 보여 준다. 과거 미용실의 효율성은 개인 숙련도에 의존했지만, 이제는 데이터 기반의 프로세스 설계가 경쟁력의 핵심이 되었다. AI는 단순히 도구가 아니라, 인력 · 공간 · 시간의 관계를 재배치하는 '조직적 메커니즘'으로 작동한다. 이는 뷰티 산업이 기술적 생산성을 확보하면서도, 감성 서비스의 품질을 유지해야 하는 복합적 관리 체계로 진입했음을 의미한다.

스마트 기기와 안전성 강화

AI 기반 스마트 기기는 시술 현장의 안전성을 높이는 데 중요한 역할을 한다. 예를 들어, 자동 배합 장치는 모발 손상도와 굵기, 화학적 이력 데이터를 분석하여 염모제 · 펌제의 적정 혼합 비율을 제시함으로써 인적 오류를 줄인다. 또한 스마트 미러는 시술 중 스타일 변화를 실시간으로 고객에게 보여 주어 만족도를 높이는 동시에 불필요한 오해를 줄인다. 웰라 프로페셔널(Wella Professionals)은 CareOS 운영 체제를 기반으로 한 AR

스마트 미러를 선보였다. 이 시스템은 실시간으로 헤어 컬러를 가상으로 체험할 수 있는 기능을 제공하며, 얼굴 인식 기술을 통해 고객의 이전 스타일을 불러와 맞춤형 상담을 지원한다. 또한 360도 비디오 캡처 기능을 통해 고객은 다양한 각도에서 스타일을 확인할 수 있다 . 이러한 기술은 고객이 미용실에서 시술을 받기 전에 다양한 스타일을 시뮬레이션할 수 있게 하여, 상담 효율성을 높이고 고객 만족도를 향상시키는 데 기여하고 있다 (Fashion Network, 2019).

또한 일부 기기는 고객 두피의 온도 · 수분 함량을 센서로 측정해 과열 · 과도 건조 상황을 사전에 방지하는 기능을 제공한다. 이는 단순한 편의성을 넘어, 안전사고 예방이라는 핵심 가치를 실현한다. 결국 이러한 스마트 기기들은 보조 도구가 아니라, 고객 경험을 질적으로 향상시키는 핵심 장치로 자리 잡고 있다. 스마트 장비는 '보조 장치'가 아니라 '지능형 동반자(intelligent companion)'로 발전하고 있으며, 이는 AI와 인간 전문가 간 협업 구조의 새로운 모델을 제시한다(Grech et al., 2024).

스마트 기기의 등장은 기술과 인간의 역할 경계를 재정의했다. 기계는 감각 정보를 실시간으로 분석하여 '보이지 않는 영역'을 가시화하고, 인간은 그 정보를 토대로 감정적 판단을 내린다. 이는 뷰티 서비스의 위험 관리 체계가 '경험적 통제'에서 '데이터 기반 예측'으로 이동했음을 의미한다. 결과적으로 AI는 안전성과 감성, 효율성과 윤리를 동시에 조율하는 복합 플랫폼으로 발전하고 있다.

인간 전문가의 대체 불가능성

그럼에도 불구하고 인간 전문가의 역할은 여전히 대체 불가능하다. AI는 절차적 효율성과 정확성을 높여주지만, 고객의 감정을 공감하고 돌발 상황에 즉각적으로 대응하는 것은 인간 디자이너만이 가능하다. 셰익 보그와 리드(Schaich Borg & Read., 2024)는 공감형 AI가 맥락에 따라 한계가 있으며, 과도한 의인화가 고객 불안을 오히려 유발할 수 있다고 지적했다.

예를 들어, 고객이 갑자기 "이 스타일이 어울리지 않는 것 같다"라는 불안을 표출할 때, AI는 단순히 새로운 추천안을 제시할 뿐이지만, 디자이너는 고객의 표정 · 톤 · 몸짓을 읽어 심리적 안정을 제공할 수 있다. 이는 뷰티 서비스의 본질이 단순한 외형 변화가 아니라, 정서적 만족과 신뢰라는 점을 보여 준다. 따라서 기술은 어디까

지나 도구이며, 인간 전문가의 공감과 해석 능력이 최종적인 경험의 질을 결정한다. 결국 인간 디자이너는 기술적 조력자가 아니라 '감정의 번역자(emotional translator)'로서 고객 경험의 중심에 서야 한다(Bhattacharya, 2022).

AI의 정밀한 분석력에도 불구하고, '상황 해석'은 인간만이 수행할 수 있는 인지적 영역이다. AI는 데이터 패턴을 감지할 수 있지만, 그 패턴이 인간에게 어떤 정서적 의미를 가지는지는 해석하지 못한다. 따라서 인간 전문가의 공감 능력은 기술의 한계를 보완하는 감정적 인터페이스로 작동한다. 이러한 감정 해석력은 단순한 친절이 아니라, 데이터 기반 의사 결정을 인간적 판단으로 완성하는 '휴먼 알고리즘(human algorithm)'의 핵심이다.

균형적 재설계의 방향

AI가 제공하는 효율성과 인간 전문가의 감성적 능력을 어떻게 조화롭게 결합할지가 향후 시술 현장 재설계의 핵심 과제다. 가장 바람직한 모델은 AI가 반복적 · 정량적 업무(예: 예약, 시술 시간 예측, 배합 계산)를 맡고, 인간 전문가가 정성적 · 감정적 업무(예: 상담, 불안 해소, 창의적 스타일링)를 담당하는 하이브리드 구조다.

또한 교육적 차원에서 디자이너들이 AI 기술의 작동 원리를 이해하고 이를 상담 과정에서 적절히 활용할 수 있도록 훈련하는 것도 중요하다. 고객에게는 "AI는 참고 도구일 뿐, 최종 결정은 인간 디자이너와 협업으로 이루어진다"라는 메시지를 전달해 신뢰를 강화할 필요가 있다. 따라서 향후 뷰티 살롱의 경쟁력은 기술적 정밀도보다 '인간적 해석력(human interpretability)'의 수준에 의해 결정될 것이다(Kolomaznik et al., 2024).

AI와 인간의 협업은 단순한 역할 분담이 아니라, 서비스 구조의 '이중 최적화(dual optimization)'를 지향한다. 기술은 시간을 절약하고, 인간은 감정을 회복시킨다. 이 상호작용은 생산성과 만족도를 동시에 높이는 균형 구조를 형성한다. 향후 뷰티 산업의 패러다임은 '기술 중심 서비스'에서 '관계 중심 기술'로 전환될 것이다. 즉, 진정한 디지털 전환은 인간의 감정적 판단이 기술의 결정 구조 안으로 통합될 때 완성된다.

참고문헌

이서안·박정아(2024). "뷰티산업에서 증강현실(AR) 기술의 융합 사례와 시장 잠재력". 《한국미용학회지》, 30(6), 1470~1485쪽.

임선희(2025). "AI 기반 가상 헤어스타일 시뮬레이션에 관한 사례 연구". 《미용예술경영학회지》, 19(1), 41~53쪽.

Bhattacharya, S.(2022). Artificial intelligence, human intelligence, and the future of public health. *AIMS Public Health, 9*(4), pp.644~650.

Buhkari et al.(2025). Virtual try-on experience: How augmented reality characteristics shape consumer responses. Journal of Promotion Management, 31(4), 677~710.

Fashion Network(2019). Coty debuts AR-enhanced Wella Professionals mirror at CES 2019. https://us.fashionnetwork.com/news/Coty-debuts-ar-enhanced-wella-professionals-mirror-at-ces-2019,1053704.html

Grech, V. S. et al.(2024). Cosmetology in the era of artificial intelligence. *Cosmetics, 11*(4), 135.

Kolomaznik, M. et al.(2024). The role of socio-emotional attributes in enhancing human-AI collaboration. *Frontiers in Psychology, 15*, 1369957.

Schaich Borg, J. & Read, H.(2024). What Is Required for Empathic AI? It Depends, and Why That Matters for AI Developers and Users. arXiv:2408.15354.

07
뷰티 메타버스 활용 교육

메타버스와 혼합현실(MR)은 뷰티 교육의 시간 · 공간 제약을 해소하며, 아바타 실습과 AI 튜터링으로 몰입형 학습을 구현한다. 그러나 기술 중심 교육만으로는 한계가 있다. 학습의 도구이지 교육의 주체가 될 수 없으며, 메타버스는 교사와 학습자 간 감성적 상호작용의 장으로 이해되어야 하며, 인간적 감성과 정서적 피드백이 교육의 핵심으로 남아야 한다.

AI와 애니메이션?

메타버스 교육 플랫폼의 부상

메타버스 기반 교육 플랫폼은 가상 교실과 아바타를 통해 학생들이 실제와 유사한 환경에서 헤어 디자인을 연습할 수 있도록 지원한다. 성과 진(Sung & Chin, 2023)은 다중 사용자 VR 헤어디자인 교육 시스템을 개발해 학습자의 참여도와 실습 효과가 크게 향상됨을 보고했다. 이는 물리적 장비와 공간 부족 문제를 해소하며, 국제적으로 분산된 학습자 간 협업을 가능하게 한다.

실무적 측면에서도 메타버스는 교육자의 자원 부담을 경감시키는 장점을 지닌다. 예를 들어, 한 교실에서 동시에 사용할 수 있는 마네킹 수가 제한적일 경우, 메타버스 환경은 무제한의 디지털 아바타를 제공함으로써 학생들이 반복 학습을 지속적으로 수행할 수 있도록 한다. 또한 교육자는 학습 과정에서 발생하는 데이터를 기록하여 피드백 자료로 활용할 수 있으며, 이를 통해 개별 학습자의 강점과 약점을 정밀하게 분석하고 맞춤형 지도를 제공할 수 있다. 이와 같은 특성은 교육의 질을 높이는 동시에 학습자들의 자기 주도적 학습 능력 향상에 기여한다. 특히 뷰티 전공 분야처럼 '감각적 피드백'이 중요한 실습 영역에서는, 메타버스 기반 시각 피드백 시스템이 기존 실습의 한계를 보완하는 역할을 한다(이서안 · 박정아, 2024).

메타버스 교육은 단순한 '가상 실습 공간'이 아니라, 미용 교육 패러다임의 구조적 전환을 이끌고 있다. 과거의 뷰티 실습은 공간 · 도구 · 시간에 종속되었으나, 메타버스는 이를 해체하여 '무한 반복 · 실시간 협업 · 데이터 피드백'이라는 새로운 학습 구조를 창출한다. 이는 미용 교육을 기술 습득 중심에서 창의성 확장 중심으로 이동시키며, 학습자가 스스로 미적 판단을 실험할 수 있는 자율적 학습 환경을 구현한다. 결국 메타버스는 "디지털 감각을 학습하는 공간"으로서, 감성적 · 인지적 학습을 통합하는 새로운 형태의 교육 생태계를 열고 있다.

혼합현실(MR)과 실습 몰입감

MR는 현실의 도구와 가상 시각 효과를 결합해 학습 몰입도를 높인다. 예를 들어, 학습자는 실제 빗과 드라이어를 사용하면서 동시에 MR 디스플레이를 통해 스타일링 결과를 가상 이미지로 확인할 수 있다. 임선희(2025)의 연구에 따르면 MR 기반 가상 헤어 시뮬레이션은 상담과 교육에서 모두 효과적이며, 학생과 교육자 모두에게 높은 학습 만족도를 제공하였다.

이러한 몰입형 경험은 특히 초보 학습자에게 유익하다. 실제 고객에게 시술하기 전, 가상 환경에서 반복 훈련을 통해 자신감을 얻을 수 있으며, 이는 교육 품질 제고로 이어진다. 또한 MR는 학생의 시선 추적, 손동작 분석 등 정량적 데이터를 통해 실습 과정의 숙련도를 계량화할 수 있는 장점을 제공한다.

MR의 본질적 의의는 '감각의 디지털화'에 있다. 현실 도구의 촉각과 가상 이미지의 시각을 결합함으로써, 학습자는 물리적 한계를 넘는 '감각 융합 학습(sensory fusion learning)'을 경험한다. 이는 기술 중심 교육에서 감성 중심 학습으로의 이행을 상징하며, 창의성과 정밀성을 동시에 강화한다. 또한 MR는 개별 학습자의 움직임 데이터를 기록함으로써, 기술의 표준화를 가능하게 하는 동시에 개성적 표현의 다양성을 보존하는 '이중 구조'를 형성한다.

AI 튜터링과 학습 데이터 분석

AI는 메타버스 교육에서 개인별 학습 패턴을 분석하고 실습 과정에서 발생하는 오류를 실시간 피드백하는 "AI 튜터" 역할을 한다. 예를 들어 학습자가 모발 분할 과정에서 반복적으로 실수를 하면, AI는 이를 기록한 뒤 즉각적인 수정 지침을 제시할 수 있다.

Cheiran et al.(2025)은 VR 학습 환경에서 몰입감 · 현실감 · 심리적 반응을 측정하는 iUXVR 도구를 개발하여, 학습 효과와 사용자 경험을 과학적으로 검증할 수 있는 방법을 제시했다. 이러한 데이터 기반 피드백은 학습자의 개별 성장 경로를 추적하고 맞춤형 지도안을 제공하는 데 효과적이며, 학습자의 능력 향상과 학습 만족도를 동시에 높일 수 있다. AI 튜터링 시스템은 단순한 자동 채점이 아닌 '피드백 알고리즘(Feedback Algorithm)'으로 진화하고 있으며, 이는 교육자의 역할을 보조하면서 학습자 자율성을 확대한다.

AI 튜터링은 전통적 교육의 '평가' 개념을 '공유 학습(Shared Learning)'으로 전환시킨다. AI는 실수를 교정하는 존재가 아니라, 학습자의 감정 반응을 관찰하고 격려하는 협력자 역할을 수행한다. 이는 인간 교사의 지도와 결합될 때 '이중 피드백 구조(dual feedback system)'를 형성해, 학습자는 기술적 피드백과 감정적 지지를 동시에 경험하게 된다. 결과적으로 AI는 교사의 대체물이 아니라, 창의적 실습을 촉진하는 감정적 촉매로 작용한다.

한계와 과제

그러나 메타버스 활용 교육에도 해결해야 할 과제가 존재한다. 첫째, 우선 장비와 네트워크 접근성 문제다. 고성능 VR · MR 기기는 가격이 높아 보급에 제약이 따르고, 네트워크 지연은 실시간 상호작용의 몰입도를 떨어뜨릴 수 있다. 둘째, 지나친 디지털화는 현장감 부족을 야기할 수 있으며, 특히 고객 응대에서 필요한 인간적 감성 훈련이 충분히 이루어지지 않을 위험이 존재한다. 셋째, VR · MR 시스템의 학습 데이터 활용과 개인정보 보호 문제도 고려되어야 한다.

따라서 최적의 교육 모델은 AI와 메타버스를 기반으로 하되, 인간 교사의 정서적 지도와 피드백을 결합하는 하이브리드 학습(Hybrid Learning) 형태로 발전해야 한다. 이는 기술적 효율성과 인간적 감성을 균형 있게 접목하여, 학습 효과와 현장 적응력을 동시에 향상시킬 수 있는 방향을 제시한다. 메타버스와 AI의 결합은 반복 학습과 실습의 효율성을 극대화하며, 동시에 인간 교사의 지도와 피드백은 학습자의 정서적 안정과 자기 주도적 학습 경험을 강화하는 역할을 수행하는 것이다. 결국 뷰티 메타버스 교육의 핵심은 '기술 중심 교육'이 아니라, '감성적 경험을 확장하는 학습 생태계'로 재정의되어야 한다(Yang, 2024).

결국 뷰티 교육의 미래는 '공간적 제약을 해소하는 기술'이 아니라 '감정을 재현하는 기술'에 달려 있다. 메타버스는 물리적 현실을 대체하는 것이 아니라, 감각적 경험을 확장하는 플랫폼으로 진화해야 한다. 향후 과제는 기술의 정밀도 향상이 아니라, 인간의 감정 · 윤리 · 창의성을 반영한 교육 설계 철학의 확립이다. 뷰티 교육의 본질은 여전히 사람이며, AI와 메타버스는 그 본질을 더 깊이 이해하도록 돕는 도구일 뿐이다.

참고문헌

이서안·박정아(2024). "뷰티산업에서 증강현실(AR) 기술의 융합 사례와 시장 잠재력". 《한국미용학회지》, 30(6), 1470~1485쪽.

임선희(2025). "AI 기반 가상 헤어스타일 시뮬레이션에 관한 사례 연구". 《미용예술경영학회지》, 19(1), 41~53쪽.

Cheiran, J. F. P. et al.(2025). Measuring the key components of the user experience in immersive virtual reality environments. *Frontiers in Virtual Reality, 6*.

Sung, C. & Chin, S.(2023). Contactless multi-user virtual hair design synthesis. *Electronics, 12*(17), 3686.

Yang, H. P. et al.(2024). Applying Stimulus-Organism-Response Theory to Explore the Effects of Augmented Reality on Consumer Purchase Intention for Teenage Fashion Hair Dyes. *Sustainability, 16*(6), 2537.

08
AI 헤어 디자인 창작 도구

생성형 AI는 텍스트나 이미지를 기반으로 헤어스타일을 창작하며, 디자이너의 상상력을 시각화하는 도구로 발전했다. 그러나 미적 판단 · 문화 해석 · 윤리적 책임은 여전히 인간의 몫이다. 미용 예술의 본질은 인간의 미적 감각과 사회적 해석에서 비롯되며, AI는 이를 확장하는 조력자로 기능할 때 진정한 창작 가치가 실현된다.

AI와 인재 채용?

생성형 AI의 창작 원리

생성형 AI의 핵심은 텍스트-이미지 멀티모달 모델이다. CLIP 기반 시스템은 사용자의 언어 지시문을 벡터 공간으로 변환해 특정 속성(길이, 색상, 질감 등)을 반영한 이미지를 생성한다. 웨이 등(Wei et al., 2022)의 HairCLIP 모델은 텍스트와 참조 이미지를 결합해 특정 헤어스타일 속성을 편집할 수 있도록 설계되었다. 이 기술은 디자이너가 직접 시각화하기 어려운 아이디어를 구체화하는 데 유용하며, 고객 상담 과정에서도 선택지를 시각적으로 제시해 의사 결정을 돕는다.

예를 들어, 고객이 "밝은 톤의 단발"을 원할 때, 디자이너는 HairCLIP을 활용해 다양한 색조와 스타일을 합성하여 비교 이미지를 제공할 수 있다. 이는 고객에게 미리 결과를 체험하게 함으로써 불확실성을 줄이고, 상담의 설득력을 강화한다.

생성형 AI의 작동 원리는 인간의 언어를 '시각적 사고'로 변환하는 과정이라 할 수 있다. 텍스트와 이미지 간 의미를 연결하는 멀티모달 학습 구조는, 인간의 상상 과정을 기계가 수치적으로 모사하는 시도다. 즉, AI는 인간의 상상력을 대체하지 않고, 그것을 구체화하는 '형상화 도구(visual concretizer)'로 기능한다. 이러한 원리는 뷰티 산업에서 디자인 프로세스를 데이터 중심에서 감성 중심으로 전환시키는 기술적 기반이 된다.

전문가와 AI의 협업

AI는 디자이너의 상상력을 보조하는 강력한 도구이지만, 최종적인 디자인 결정은 여전히 인간 전문가의 몫이다. 그레치 등(Grech et al., 2024)은 AI가 제안하는 결과가 기술적으로는 정교할지라도, 인간이 체감하는 "아름다움"의 맥락을 충분히 반영하지 못한다고 지적했다. 이는 미용 예술이 단순히 기계적 연산이 아닌 사회적 · 문화적 경험의 산물임을 보여 준다.

실제로, 동일한 스타일이라도 문화권에 따라 다른 해석을 받는다. 예를 들어, 동양에서 '검은 긴 생머리'가 단아함의 상징이라면, 서구에서는 개성보다는 보수적 이미지로 인식될 수 있다. 따라서 AI가 생성한 디자인은 전문가의 미적 감각, 문화적 해석을 거쳐야만 실질적 가치와 적합성을 갖는다. 결국 AI는 창작의 '출발점'을 제공할 수 있지만, 작품의 '완성'은 인간의 해석을 통해 이루어진다.

이 협업 구조는 "창의성의 분권화(decentralization of creativity)"를 보여 준다. AI는 창작의 전 과정을 대체하지 않고, 인간의 감정 · 문화적 맥락을 중심으로 재조정되는 '보조적 창작자(auxiliary creator)'의 역할을 수행한다. 이러한 협력은 디자인의 효율성뿐 아니라, 감정적 몰입과 미적 다양성을 동시에 확보한다. AI가 제시한 수많은 결과 중에서 인간은 감각 · 경험 · 윤리를 기준으로 '선택(selection)'을 수행하며, 이 선택 행위 자체가 창작의 본질로 재해석된다. 이러한 선택의 책임은 단순한 미적 판단을 넘어 직업적 저자성(authorial agency)의 문제로 확장된다. AI가 생성한 이미지는 알고리즘의 산출물이지만, 그것을 채택하고 수정하며 현실에 구현하는 과정은 디자이너의 판단에 의해 결정된다. 이는 AI 시대의 창작이 '누가 만들었는가'가 아니라 '누가 책임지는가'라는 질문으로 재구성되고 있음을 의미한다. 따라서 생성형 AI 환경에서 디자이너의 역할은 축소되는 것이 아니라, 오히려 큐레이터이자 해석자로서 강화된다.

창작 도구로서의 실제 적용

AI 창작 도구는 현재 패션 및 뷰티 산업 전반에서 마케팅 이미지 제작, 스타일 제안, 교육 콘텐츠 제작 등에 활용되고 있다. 브랜드는 AI가 생성한 헤어스타일 이미지를 광고 캠페인에 활용하거나, 소비자가 직접 온라인에서 가상 스타일을 체험할 수 있도록 한다.

임선희(2025)의 연구는 AI 기반 가상 헤어스타일 시뮬레이션이 상담 도구로 유용하지만, 실제 시술 결과와는 차이가 있을 수 있음을 지적했다. 이는 AI가 제공하는 창작 이미지가 곧바로 '현실 구현'과 동일시될 수 없음을 의미한다. 따라서 현장에서는 AI 이미지가 영감 제공 도구로 사용되며, 최종 스타일링은 여전히 디자이너의 경험과 손기술에 의존한다. 이처럼 AI는 디자이너의 직관적 창의성을 증폭시키는 '아이디어 파트너(Idea Partner)'로 작동하며, 인간의 감성과 기술적 생성력이 결합된 하이브리드 창작 모델을 형성한다.

AI 생성 도구의 가장 큰 의의는 창작 접근성을 확장한다는 점이다. 과거에는 시각화 능력이나 디자인 툴 숙련도가 창작의 전제였으나, 이제는 언어적 지시만으로도 미적 결과물을 생성할 수 있다. 이는 '시각 예술의 언어화(linguisticicization of visual art)'라는 새로운 현상을 낳으며, 디자인 교육 · 산업 · 소비자 참여 전반에 변화를 촉발한다. 그러나 동시에 이러한 자동화는 감정이 결여된 시각 결과물의 범람을 초래할 수 있어, 인간 디자이너의 정서적 개입이 필수적이다.

미래 전망과 과제

AI 헤어 디자인 창작 도구는 앞으로 디자이너의 아이디어 발산, 고객 소통, 교육 자료 개발에 더욱 활발히 활용될 전망이다. 그러나 해결해야 할 과제도 존재한다. 특히 생성형 AI가 만들어 내는 이미지가 실제 구현 가능성을 지나치게 단순화할 경우, 디자이너와 고객 사이의 신뢰가 훼손될 위험성이 있다. AI 이미지가 제시하는 결과는 '가능한 하나의 시나리오'일 뿐이며, 모발 상태 · 시술 이력 · 관리 조건 등 현실 변수는 충분히 반영되지 않는다. 따라서 디자이너는 생성 이미지를 최종 목표가 아닌 대화의 매개로 사용해야 하며, 기대 조정의 책임을 적극적으로 수행해야 한다. 이는 기술 활용 능력 못지않게 설명, 해석, 윤리적 판단 능력이 AI 시대 헤어디자이너의 핵심 전문성으로 부상하고 있음을 보여 준다. 첫째, 알고리즘 편향이다. 훈련 데이터가 특정 인종 · 스타일에 치우치면 결과 역시 제한적이 될 수 있다. 둘째, 미적 한계다. AI는 기술적으로 정교한 이미지를 생성할 수 있으나, '아름다움'의 정의는 여전히 인간의 문화와 정서에서 비롯된다. 셋째, 윤리적 책임 문제다. 생성 이미지가 과도한 이상화를 유도할 경우, 자기 대상화와 불안을 심화시킬 수 있다.

따라서 미래의 AI 창작 도구는 기술적 정밀성 + 인간의 미적 감각 + 윤리적 가이드라인을 결합한 형태로 발전해야 한다. 이때 비로소 AI는 창작 파트너로서 뷰티 디자인의 새로운 가능성을 열 수 있을 것이다. 즉, 'AI에 의한 디자인'에서 'AI와 함께하는 디자인'으로의 전환이야말로, 미래 뷰티 크리에이티브 산업의 핵심 방향이다.

궁극적으로 생성형 AI의 발전은 인간 창의성을 대체하는 것이 아니라, 그것을 '가시화하는 시스템'으로 확장한다. 기술의 진보는 창의성의 본질을 재해석하게 만든다. 창의성은 고립된 천재의 영감이 아니라, 인간과 기계가 상호 보완적으로 작동하며 감정을 시각화하는 과정으로 변모한다. 따라서 미래의 뷰티 산업에서 중요한 것은 기술의 정교함이 아니라, 기술이 인간의 감정적 서사를 얼마나 섬세하게 표현할 수 있는가다. AI는 이제 미적 생산의 주체가 아니라, 감정의 언어를 번역하는 조력자이며, 인간 창작자는 그 언어를 해석하는 예술가로 남는다.

참고문헌

임선희(2025). "AI 기반 가상 헤어스타일 시뮬레이션에 관한 사례 연구". 《미용예술경영학회지》, 19(1), 41~53쪽.

Al-Dhubaibi, M. S.(2025). Artificial intelligence in aesthetic medicine: Applications, challenges, and future directions. *Journal of Cosmetic Dermatology, 24*(6), e70241.

Ashley, E. et al.(2025). What does it mean to be beautiful? Exploring the limits of AI-driven beauty assessment. *Journal of Clinical and Aesthetic Dermatology, 18*(4), pp.24~27.

Grech, V. S. et al.(2024). Cosmetology in the era of artificial intelligence. *Cosmetics, 11*(4), 135.

Wei, T. et al.(2022). HairCLIP: Design your hair by text and reference image. *Proceedings of the IEEE/CVF Conference on Computer Vision and Pattern Recognition (CVPR 2022).*

09
데이터 기반 감동 서비스

데이터 기반 AI 서비스는 고객의 행동 · 감정 · 선호를 분석해 개인 맞춤형 경험을 넘어 감동 중심 서비스로 발전하고 있다. 이는 단순한 효율을 넘어 신뢰와 충성도를 형성하며, 미용 산업을 감정 경제로 확장시킨다. 다만 감정 데이터의 민감성과 윤리적 책임이 병행되지 않으면, 기술은 진정한 감동을 지속시킬 수 없다.

AI와 기자?

데이터 기반 서비스의 발전

AI는 얼굴 · 모발 상태뿐 아니라 예약 패턴, 구매 이력, 상담 기록을 통합 분석해 고객 맞춤형 솔루션을 제공한다. 예를 들어 캄블과 쿨카니(Kamble & Kulkarni, 2024)는 얼굴 인식 기반 추천 시스템이 고객 맞춤형 경험을 강화하여 서비스 만족도를 크게 향상시켰다고 보고했다.

실제 현장에서도 이러한 데이터 기반 서비스는 상담 시간을 단축하고 추천의 객관성을 확보한다. 예컨대 정기적으로 특정 모발 관리 프로그램을 이용한 고객에게, AI는 주기적 관리 시점을 예측하여 자동 리마인더를 제공할 수 있다. 이는 고객에게 '잊지 않고 챙겨주는 서비스'라는 심리적 감동을 주며, 단순 효율성을 넘어 관계적 가치를 창출한다. 데이터 기반 시스템은 고객의 과거 선택뿐 아니라 '상황적 맥락(contextual data)'까지 분석하여, 예측형 맞춤 제안을 가능하게 한다.

이러한 서비스의 등장은 뷰티 산업의 패러다임을 "결과 중심 서비스(result-based service)"에서 "경험 중심 서비스(experience-based service)"로 이동시켰다. 즉, 고객은 더 이상 단순한 시술 결과만을 구매하지 않고, 자신이 이해받고 있다는 감정적 과정을 소비한다. 데이터는 이제 기술적 자원이 아니라 감정적 경험을 설계하는 도구로 기능하며, 이 과정에서 중요한 것은 데이터 활용의 주체가 누구인가에 대한 문제다. 데이터 기반 감동 서비스는 자동화된 시스템이 아니라, 이를 설계 · 운영 · 해석하는 조직과 전문가의 판단에 의해 성패가 결정된다. 동일한 데이터라도 어떤 기준으로 분석하고, 어떤 방식으로 고객에게 제시하느냐에 따라 서비스는 배려가 될 수도, 부담이 될 수도 있다. 따라서 데이터 기반 서비스의 고도화는 기술 역량의 문제가 아니라 고객 관계를 어떻게 정의하고 관리할 것인가에 대한 서비스 철학의 문제로 귀결된다. 이는 감동 서비스가 단기 만족이 아닌 장기적 신뢰를 목표로 해야 함을 시사한다. 감성 중심의 서비스 구조를 뒷받침하는 인프라가 된다.

감정 데이터와 고객 경험

최신 뷰티 서비스는 시각적 결과물 제시를 넘어 고객의 감정 상태까지 분석해 맞춤형 경험을 제공한다. 표정 · 음성 · 행동 데이터는 고객의 불안, 기대, 만족 수준을 감지하는 지표로 활용된다. Kolomaznik et al.(2024)의 연구는 인간-AI 협업에서 신뢰 · 공감 · 라포와 같은 사회 · 정서적 요소가 경험의 질을 결정하는 핵심 요인임을 보여 주었다.

이러한 감정 데이터의 활용은 고객 경험을 보다 섬세하게 맞춤화하는 데 기여한다. 예를 들어 상담 중 고객이 긴장된 표정을 보일 때, 시스템은 이를 감지해 디자이너에게 부드러운 설명이나 대안 제시가 필요함을 신호할 수 있다. 이는 고객이 "나를 이해받고 있다"라는 감정을 경험하게 하며, 결과적으로 감동을 느끼게 만든다. AI 감정 분석 시스템은 언어적 반응보다 비언어적 단서를 우선적으로 처리함으로써, 인간이 미처 인식하지 못한 감정 변화를 조기에 포착할 수 있다.

감정 데이터의 활용은 뷰티 서비스의 본질을 '정서적 해석 산업(emotional interpretation industry)'으로 확장시킨다. 기술이 감정을 감지하고, 인간이 그 감정을 해석함으로써 형성되는 상호작용은 단순한 맞춤형 서비스를 넘어 '공감 알고리즘(empathy algorithm)'이라는 새로운 가치 체계를 만든다. 이는 고객 경험을 예측 · 조정 · 확장하는 3단계 감정 관리 구조를 가능하게 하며, 뷰티 산업이 감정 경제(emotional economy)의 핵심 영역으로 편입되는 계기를 마련한다. 그러나 감정 데이터 기반 서비스는 관계의 비대칭성을 내포한다. 고객은 자신감의 감정 상태가 분석 · 해석되고 있다는 사실을 명확히 인식하지 못한 채 서비스에 노출될 수 있으며, 이는 무의식적 의존이나 과잉 기대를 형성할 위험이 있다. 특히 감정에 예측이 반복될수록 고객은 시스템의 제안을 '중립적 추천'이 아닌 '정답'으로 받아들일 가능성이 높아진다. 따라서 감정 데이터 활용은 기술적 정교함보다 설명 가능성, 선택의 여지, 거부권 보장이 함께 설계되어야 하며, 이는 이후 윤리적 논의가 필수적으로 요구되는 이유이기도 하다.

맞춤형 감동 서비스 사례

최근 미용실에서는 고객의 시술 기록 · 선호도 · 피드백을 기반으로 "오늘의 맞춤 제안"을 자동 생성하는 서비스가 등장했다. 예컨대, 지난번 염색 후 모발 손상도가 다소 높게 측정된 고객에게는 케어 프로그램을 할인 제안하고, 중요한 행사 일정이 있는 고객에게는 스타일 추천과 예약 우선권을 안내한다.

임선희(2025)는 AI 기반 가상 시뮬레이션이 고객에게 기대 이상의 만족을 제공한다고 분석했다. 상담 전 고객이 직접 다양한 스타일을 체험해 본 뒤 최종 결정을 내릴 수 있는 경험은, 단순한 기술적 편의성을 넘어 '나를 위한 특별한 배려'를 느끼게 하는 감동으로 작용한다. 이러한 맞춤형 감동 서비스는 고객 충성도를 높이고 장기적 관계 형성에 기여한다. 또한 Grech et al.(2024)은 이러한 감성 중심 서비스가 브랜드 이미지 제고와 재방문 의도 강화에 직접적인 영향을 미친다고 보고하였다.

이러한 서비스는 "예측형 기술(predictive technology)"이 "감정형 기술(affective technology)"로 진화하는 지점을 보여 준다. AI는 과거 데이터로 미래 행동을 예측하는 것을 넘어, 고객의 감정 변화를 실시간으로 학습하며 관계를 형성한다. 즉, 기술이 감정을 단순히 감지하는 것을 넘어, 감정의 '지속성'을 관리하는 단계로 발전한 것이다. 이는 뷰티 산업이 기술적 서비스 산업을 넘어 관계적 감성 산업으로 확장되는 결정적 전환점이다.

윤리적 고려와 미래 방향

데이터 기반 감동 서비스가 지속 가능하려면 개인정보 보호와 윤리적 활용이 필수적이다. 바타차리아(Bhattacharya, 2022)는 AI가 인간적 요소를 대체할 수 없으며, 윤리적 활용이 장기적으로 신뢰를 형성하는 핵심임을 강조했다. 특히 감정 데이터는 일반 개인정보보다 민감도가 높기 때문에, 수집 · 분석 · 활용 과정에서 투명성과 동의 절차가 확보되어야 한다.

향후 뷰티 산업은 단순히 효율성을 높이는 기술적 AI

가 아니라, 고객 감정과 관계적 가치를 존중하는 "윤리적 AI 기반 감동 서비스"로 발전해야 한다. 이는 AI와 인간 전문가가 협력하여 고객의 정체성과 감정을 존중하면서도, 예기치 못한 기쁨과 만족을 제공하는 하이브리드 모델로 구현될 것이다. 즉, 데이터 기반 서비스의 진정한 혁신은 기술의 정교함이 아니라 '감정의 해석력'을 확보하는 데 있다.

윤리적 감정 데이터 활용은 향후 뷰티 산업의 신뢰 생태계를 결정짓는 핵심 요인이다. 기술은 감정을 읽을 수 있지만, 존중할 수는 없다. 따라서 윤리적 설계는 단순한 규제의 문제가 아니라 감정적 관계의 지속 가능성을 보장하는 전략이 된다. 궁극적으로 'AI 중심 서비스'는 인간의 감정을 이해하고 보존하는 '감정 중심 서비스'로 재편되어야 한다. 이는 뷰티 산업이 기술 효율의 경쟁을 넘어, 감정적 공존의 가치를 구현하는 새로운 윤리 미학의 시대를 열 것임을 시사한다.

참고문헌

임선희(2025). "AI 기반 가상 헤어스타일 시뮬레이션에 관한 사례 연구". 《미용예술경영학회지》, 19(1), 41~53쪽.

Bhattacharya, S.(2022). Artificial intelligence, human intelligence, and the future of public health. *AIMS Public Health, 9*(4), pp.644~650.

Grech, V. S. et al.(2024). Cosmetology in the era of artificial intelligence. *Cosmetics, 11*(4), 135.

Kamble, Y. M. & Kulkarni, R. B.(2024). Recommendation system for hairstyle based on face recognition using AI and machine learning. *International Journal of Software Innovation, 12*(1), pp.1~10.

Kolomaznik, M. et al.(2024). The role of socio-emotional attributes in enhancing human-AI collaboration. *Frontiers in Psychology, 15*, 1369957.

10
AI 이후 인간 감각의 미래

AI는 데이터 분석과 자동화 기술로 시술 현장의 풍경을 바꾸고 있으며, 효율성과 정확성을 높였다. 그러나 인간적 감각과 정서적 교감은 대체할 수 없다. 고객의 만족은 데이터가 아닌 디자이너 감성과 공감에서 비롯되며, 기술은 인간 감각을 확장하는 보조 도구로 기능해야 한다. 진정한 혁신은 기계의 완성이 아니라 인간 감각과 신뢰의 회복에서 완성된다.

AI와 미래 의사?

기술 고도화와 인간 감각의 위상 변화

AI는 정확한 분석과 추천을 통해 스타일 선택의 불확실성을 줄이고, 반복적이고 정량적인 업무를 대체해 왔다. 바타차리아(Bhattacharya, 2022)는 AI가 효율성과 생산성을 높였지만, 인간적 감정을 완전히 대체할 수 없음을 강조한다. 실제로 고객이 미용실을 찾는 이유는 단순한 시술이 아니라 정서적 만족과 자기표현에 있다. 기술은 이를 보조하는 역할을 하지만, 고객 경험의 핵심은 여전히 인간 전문가의 감각적 · 정서적 역량이다.

또한 미용실은 단순한 서비스 공간이 아니라 사회적 상호작용과 경험의 장이다. 고객과 디자이너 간의 대화, 유머, 위로, 공감, 순간적 판단은 AI가 제공할 수 없는 인간적 경험이다. 예를 들어, 고객이 시술 중 긴장하거나 불안해할 때, 디자이너는 즉각적인 언어적 · 비언어적 안심 조치를 통해 고객의 심리적 상태를 안정시킬 수 있다. 이는 고객에게 단순한 외모 변화 이상의 의미, 즉 "나를 이해하고 배려받고 있다"는 경험을 제공하며, 정서적 만족과 신뢰를 형성한다. 이처럼 뷰티 서비스는 '형태의 변화'가 아닌 '관계의 경험'으로 확장되며, 인간 감각은 그 중심축으로 자리한다.

AI 기술의 진보는 '효율성의 시대'에서 '감각의 시대'로의 전환을 촉발하고 있다. 즉, 기술이 발전할수록 인간 감각은 사라지는 것이 아니라 오히려 더 절실하게 요구된다. 이는 "기술이 인간을 대체하는가"가 아니라 "기술이 인간의 감각을 어떻게 확장하는가"라는 질문으로 패러다임이 이동했음을 뜻한다. 인간 감각은 기술적 자동화의 종속물이 아니라, 기술의 방향성을 결정짓는 해석적 주체로 재부상하고 있다.

감각적 교감의 불가피성

AI 상담 시스템과 시뮬레이션은 고객에게 풍부한 정보를 제공할 수 있으나, 고객이 느끼는 안심감 · 위로 · 공감은 인간만이 줄 수 있다. Schaich Borg & Read(2024)는 공감형 AI의 필요조건이 맥락 의존적이며, 과도한 자동화는 오히려 고객의 불안을 증가시킬 수 있다고 지적했다. 이는 뷰티 서비스의 핵심이 기술적 정보 제공이 아니라 정서적 교감임을 시사한다. 결국 고객은 완벽한 추천보다 자신의 감정을 이해해 주는 전문가와의 관계에서 더 큰 만족을 얻는다.

예를 들어, 같은 스타일이라도 고객이 긴장 상태라면 디자이너의 말투, 손길, 상담 방식은 경험의 질을 결정짓는다. 고객의 미묘한 심리적 변화, 취향, 문화적 배경을 읽고 조정하는 능력은 AI가 단기간에 습득할 수 없는 인간 전문가의 핵심 역량이다. AI가 '데이터로 분석하는 공감'을 구현할 수는 있으나, 인간만이 '감정으로 전달되는 공감'을 실현할 수 있다.

이 차이는 '인지적 공감(cognitive empathy)'과 '정서적 공감(affective empathy)'의 구분에서 비롯된다. AI는 전자를 수행할 수 있으나, 후자는 오직 인간의 경험과 감정 기억을 통해서만 가능하다. 즉, 공감의 본질은 정보처리 속도에 있지 않고, 타인의 감정을 자신의 경험으로 수용하는 능력에 있다. 뷰티 서비스의 본질은 기술적 조정이 아니라 감정의 동기화(synchronization of emotion)에 있다.

인간적 가치와 윤리적 책임

AI는 분석 결과와 스타일 제안을 제공하지만, 그 결과가 미적 · 윤리적으로 적합한지 판단하는 것은 인간 전문가의 역할이다. Grech et al.(2024)는 "아름다움"의 개념은 기술이 아닌 인간이 정의하고 해석해야 하는 문화적 산물임을 강조했다. 또한 알두바이비(Al-Dhubaibi, 2025)는 미용 · 의료 분야에서 AI의 적용 가능성을 제시하면서도, 윤리적 가이드라인이 반드시 병행되어야 한다고

경고한다. 고객의 정체성과 감정을 존중하지 않는 기술 활용은 오히려 불안을 심화시킬 수 있기 때문이다. 더 나아가, 데이터 기반 서비스가 확산되면서 고객 개인정보 보호, 감정 데이터의 민감성, 추천 과정의 투명성 등 윤리적 고려사항이 더욱 중요해졌다. AI를 활용한 효율적 시스템 구축은 필수적이지만, 인간적 판단과 윤리적 책임 없이는 진정한 고객 만족과 산업적 지속 가능성을 담보할 수 없다. 따라서 미래의 뷰티 전문가는 단순한 기술 사용자가 아니라, 'AI 윤리 관리자(AI Ethics Curator)'로서의 역할을 수행해야 한다.

AI 윤리의 본질은 규제의 문제가 아니라, 감정적 신뢰의 문제다. 고객은 데이터보다 태도를 기억한다. 즉, 기술의 정확성보다 인간의 진정성이 고객 만족을 결정한다. 윤리적 감수성이 결여된 AI 서비스는 아무리 효율적이라도 정서적 신뢰를 얻을 수 없다. 따라서 미래의 미용 전문가는 기술 전문가이자 감정적 중재자(emotional mediator)로서, 기술과 인간 사이의 균형점을 설계해야 한다.

하이브리드 서비스 모델의 전망

앞으로의 뷰티 서비스는 AI의 효율성과 인간 전문가의

감각을 결합한 하이브리드 모델로 정착할 것이다. 기계는 반복적 · 정량적 업무(예: 데이터 분석, 예약, 스타일 추천)를 담당하고, 인간 전문가는 정성적 · 감정적 업무(예: 상담, 공감, 문화적 해석)를 맡는다. Ashley et al.(2025)은 미적 지표가 AI로 정량화될 수 있지만, 진정한 아름다움의 해석은 인간의 몫임을 강조했다. 결국 고객 만족을 극대화하는 길은 기계와 인간의 협업 속에서, 인간 전문가가 중심을 유지하는 것이다.

또한, 하이브리드 모델은 고객의 다양성과 개별성을 존중하는 방향으로 진화할 필요가 있다. 단순히 반복적인 업무를 자동화하는 것에 그치지 않고, 인간 전문가가 제공하는 문화적, 심리적, 사회적 경험과 결합함으로써, 고객은 기술적 편리함과 인간적 감동을 동시에 경험할 수 있다.

이러한 협업 구조는 뷰티 산업의 미래 경쟁력과 지속가능성을 결정짓는 핵심 전략이 될 것이다. 즉, 기술과 인간이 상호 보완적으로 작용할 때, 고객 만족과 산업적 성장이라는 두 마리 토끼를 동시에 잡을 수 있다. AI 이후의 시대에 진정한 혁신은 '기계의 완성'이 아니라 '인간 감각의 회복'에서 시작된다.

하이브리드 모델은 '효율성의 논리'와 '감성의 논리'가

공존하는 구조다. 기술이 생산성을 담당하고, 인간이 의미를 설계한다. 이러한 협업은 산업적 최적화와 예술적 해석을 동시에 달성할 수 있는 유일한 방식이다. 미래의 뷰티 서비스는 더 이상 기술의 진보를 경쟁하지 않는다. 오히려 기술의 인간화를 통해, 고객이 느끼는 '감정의 질'을 경쟁하게 될 것이다. 결국 AI 이후의 혁신은 기술적 정밀함이 아니라, 인간 감각의 회복과 확장을 통해 완성된다.

참고문헌

Al-Dhubaibi, M. S.(2025). Artificial intelligence in aesthetic medicine: Applications, challenges, and future directions. *Journal of Cosmetic Dermatology, 24*(6), e70241.

Ashley, E. et al.(2025). What does it mean to be beautiful? Exploring the limits of AI-driven beauty assessment. *Journal of Clinical and Aesthetic Dermatology, 18*(4), pp.24~27.

Bhattacharya, S.(2022). Artificial intelligence, human intelligence, and the future of public health. *AIMS Public Health, 9*(4), pp.644~650.

Grech, V. S. et al.(2024). Cosmetology in the era of artificial intelligence. *Cosmetics, 11*(4), 135.

Schaich Borg, J. & Read, H.(2024). What Is Required for Empathic AI? It Depends, and Why That Matters for AI Developers and Users. arXiv:2408.15354.

한만석

삼육보건대학교 의료정보학과에 출강 중이며, 다수의 대학에서 뷰티 관련 과목을 강의해 온 교육자이자 연구자다. 건국대학교에서 이미지산업학 석사와 화장품공학 박사학위를 취득했고, 미용 현장과 교육 분야에서 25년간 활동해 온 뷰티 전문가다. 현재도 실무 현장에서 활동하며 헤어디자인, 화장품 기술, 위생 관리 등 뷰티산업 전반을 연구하고 있다. 뷰티산업 위생사 협회 총괄이사, 이데아교육연구소 부소장, 화장품 기업 부티코 공동대표로서 산업·교육·브랜드를 연결하는 협력 체계를 구축하고 있으며, 뷰티산업 위생관리 체계와 감성 데이터 분석을 주요 연구 주제로 삼고 있다. 저자는 기술이 발전할수록 인간 감성과 정서적 교감이 뷰티산업의 본질임을 강조한다.

조현열

건국대학교 일반대학원 화장품공학학과에서 화장품공학 박사학위를 취득하였다. 뷰티 산업에 대한 깊은 이해를 바탕으로 연구와 강의 활동을 이어가고 있다. 2004년부터 21년간 뷰티분야에서 다양한 경험을 쌓아왔으며, 뷰티 헤어미용 분야에서 활동 중이다. 현재는 건국대학교 K뷰티산업융합학과, 그리고 건국대학교 산업대학원 이미지산업학과에서 헤어미용, 모발분야의 강의를 하고 있다. 주요 논문으로 “Effects of Electrolytic Water Treatment on Hair coloring and Bleaching”(2024) 등 다수의 논문을 등재학술지에 게재하였다.